Research on Accessibility Services in Public Libraries

公共图书馆无障碍服务研究

谢影 丁乙 周佳琳 韩嬿 著

上海科学技术文献出版社
Shanghai Scientific and Technological Literature Press

图书在版编目（CIP）数据

公共图书馆无障碍服务研究 / 谢影等著. —上海：上海科学技术文献出版社，2025. —ISBN 978-7-5439-9373-0

Ⅰ. G258.2

中国国家版本馆 CIP 数据核字第 2025BC0585 号

责任编辑：栾　鑫　仲书怡　李　莺
封面设计：周　婧

公共图书馆无障碍服务研究
GONGGONG TUSHUGUAN WUZHANGAI FUWU YANJIU
谢　影　丁　乙　周佳琳　韩　嬿　著
出版发行：上海科学技术文献出版社
地　　址：上海市淮海中路 1329 号 4 楼
邮政编码：200031
经　　销：全国新华书店
印　　刷：常熟市人民印刷有限公司
开　　本：720mm×1000mm　1/16
印　　张：12.5
字　　数：210 000
版　　次：2025 年 5 月第 1 版　2025 年 5 月第 1 次印刷
书　　号：ISBN 978-7-5439-9373-0
定　　价：68.00 元
http://www.sstlp.com

Foreword

序

在现代社会中,每个人都有自由平等地利用公共图书馆的权利。联合国教科文组织(UNESCO)和国际图联(IFLA)发布的《公共图书馆宣言》明确指出:"公共图书馆应不分年龄、种族、性别、宗教、国籍、语言、社会地位和任何其他特征,向所有人提供平等的服务。必须向由于各种原因不能利用其常规服务和资料的人,如少数语言群体、残疾人……提供特别服务和资料。所有年龄的群体都能在公共图书馆找到适合其需要的资料。"《中华人民共和国公共图书馆法》第三十三条和第三十四指出"公共图书馆应当按照平等、开放、共享的要求向社会公众提供服务""政府设立的公共图书馆应当考虑老年人、残疾人等群体的特点,积极创造条件,提供适合其需要的文献信息、无障碍设施设备和服务等"。这些规定彰显了国内外公共图书馆服务残障读者的责任,体现了全社会对残障人士的尊重和关爱,揭示了公共图书馆存在的价值和永恒不变的本质特征。

公共图书馆无障碍服务,一般是指为视障、听障、肢体残疾等残障读者提供的特殊服务,目的是确保残障读者能够平等地获取图书馆资源和服务。这些服务包括提供无障碍设施、个性化服务和在线服务,旨在帮助残障读者尤其是视障读者克服障碍,享受阅读的乐趣和获取知识。要做好无障碍服务,依我之见,必须把握住以下几个关键点。

首先,深刻理解公共图书馆开展的无障碍服务的特点。区别于其他机构,公共图书馆无障碍服务的最明显特征是通过文献信息资源提供文化助残和智力助残,这种服务既是公共图书馆的职责所在,也是馆藏资源和服务优势的体现。因此，在专用阅览区配备馆员为视障读者提供借阅服务的基础上，自2002年5月起，上海图书馆与上海邮政合作，在全国公共图书馆界率先推出了为视障读者外借盲文图书、音像资料等免费邮寄服务，送书上门，帮助视障读者消除行走不便的障碍，使他们能更为方便地获取和阅读所需文献，增长文化知识，提高工作能力，实现自身价值。此举深得视障读者欢迎并引发业界效仿。2008年底，中国残联党组书记王新宪同志在考察上海图书馆时指出"你们的智力助残服务是任何助残活动都替代不了的"，一语概括了这种服务的特殊性和价值。

其次，全力抓住公共图书馆开展无障碍服务的要点。要做好这类服务，除了提高认知、明确职责、了解特点外，还得把握善于通过技术手段来提升无障碍服务水平和质量之要点。在数字技术、网络技术日益发展的今日，必须让残障读者同步地感受并体验新颖技术给人们带来的阅读便利。视障专用电脑、盲文点显器、智能电子助视器、一键式智能阅读器等均是消除残障读者阅读障碍的好帮手。2009年，上海图书馆联合上海市残疾人联合会（简称"市残联"）和上海市电影评论学会成立了"无障碍电影工作室"，挑选优秀影片，制作无障碍电影，定时播放，丰富视障读者的文化生活。2010年，借助"阳光听书郎"电子阅读器，开发数字读物，以"听书"替代"看书"，极大地拓展了视障读者的阅读面，一再增购的"阳光听书郎"无疑表明了视障读者对此项服务的钟爱。2011年，在上海图书馆网站推出"无障碍数字图书馆"，将残障人士专用的辅助工具嵌入主门户网站，并整合了自行开发的无障碍辅助工具条、多媒体播放条、网页内容语音播放等应用。如此，残障读者不仅能收听专为他们提供的有声电子书、上海图书馆讲座音视频等，而且可以通过语音提示等导引，和普通读者一样了解网页信息内容，足不出户即可接受各类信息资源，每年几百万的点击量足以表明他们对此的喜欢。实践证明，做好无障碍服务必须有爱心和新技术的双重加持，方能取得与时俱进的效果。

再次，用心把握公共图书馆开展无障碍服务的重点。馆员必须对无障碍服务本身的专业性有深刻的认识，并通过培训和实践提升专业服务的相关技能。也就是说，无障碍服务不能满足于"有"，而要以专业水准追求"好"，这才是重点。对此，上海图书馆员工向市残联等单位的专业人士学习、讨教，了解残障人士的心理特点和阅读需求。譬如，作为个体他们渴望获得尊重和平等，作为读者他们希望获得有针对性的服务，或通过阅读增长知识、陶冶情操，或通过阅读掌握谋生本领并为他人服务。又譬如，他们愿意与人交往、沟通彼此，他们有意在公共场所展示才华、交流技艺、融入社会。了解服务对象的需求是做好服务的前提，是提高服务精准性的基础。为此，上海图书馆公开专门服务的电话号码，主动在门口迎候视障读者，引导步入无障碍通道，并尽可能进行一对一的服务，让文献借阅等服务更为顺畅、便捷；与上海市盲人协会、上海市肢残人协会结对合作，适时举办不同主题的征文、演讲比赛，让残障人士能及时总结阅读、学习的体会和成果，并通过交流提高水平；与上海市残疾人就业服务中心、上海市盲人协会联手举办盲人按摩知识、盲人中医基础知识等职业技能竞赛，让残障人士在公共平台上分享专业知识、切磋职业技能。与此同时，图书馆工作人员也在服务过程中，学习残障人士乐观向上的生活态度、阅读过程中展现的毅力，更加细心、耐心、用心地服务残障读者，在消除图书馆物理障碍的同时，消除残障读者利用图书馆可能会有的心理障碍。

最后，努力攀登公共图书馆开展无障碍服务的顶点。考量无障碍服务的效能是评价该服务水平的一个重要指标，残障人士想不想来图书馆，愿不愿来图书馆借阅文献，爱不爱来图书馆参加各种活动，能不能从图书馆的服务中有所获得，事关开展此项服务的终极目标，至关重要。为获得无障碍服务的最大效能，公共图书馆得做好以下四方面工作：一是要提倡主动性。我们要主动出击，与残联等专业机构合作，通过调研了解残障读者的新需求和想法，同时，宣传推荐图书馆的相关服务功能、方式，特别是利用微信平台等推送优质文献信息，在需求和服务之间架起桥梁，提高服务的针对性和质量。二是要增强计划性。图书馆每年得制订无障碍服务计划，从设施改善、新技术新产品运用到活动安排及其衔接、活动责任人及要求、评估及总结等均需清晰明了，确保计划落到实处。三是要善于调动残障读者的积极性。我们不仅要让他们感受到阅读的魅力、图书馆的温暖，而且要激发他们的热情和才华，融入我们的团队，成为分享学习技巧的志愿者，让更多的残障读者掌握阅读技能。事实证明，由视障读者教授电脑操作技术、手机使用方法远比馆员的教学效果好，示范引领效应更为明显。四是无障碍服务必须保证持续性，且时有新颖项目推出，不断吸引残障读者的注意力和阅读兴趣，帮助他们逐渐养成阅读习惯，从中受益。图书馆既要抓住全国助残日、国际盲人节或国际残疾人日等节日开展活动，更要抓住平常的每一天，做到天天有荐书，周周有活动，形式多样，内容丰富，使服务如涓涓细流，绵绵不绝。

毫无疑问，公共图书馆要做好无障碍服务，需要进行理论研究和实践经验总结，以开拓进取，行稳走远。遗憾的是，此类专著甚少，表明该领域研究亟待加强。有幸的是，上海图书馆有一支专门从事无障碍服务的员工队伍，二十多年来，他们勤于学习，勇于创新，乐于耕耘，助残工作获得了如"上海市扶残助残先进集体""盲人阅读推广优秀单位""上海市助残志愿者先进集体""上海读书节'优秀项目'奖"等诸多殊荣。如今，他们将实践探索和理论研究成果汇集成《公共图书馆无障碍服务研究》一书，试图为加快推进无障碍服务从"有"到"好"的过程奉献绵薄之力，这种作为和努力值得肯定，可喜可贺。

《公共图书馆无障碍服务研究》从概念着手，界定术语范畴，明确服务对象；从梳理国内外无障碍法律法规政策着眼，阐明公共图书馆的相关职责，确立服务内容；从无障碍服务研究着力，揭示原理，剖析案例，理论与实践并重；从未来发展着想，指明问题所在，提出解题方案，呈现最新作业。因此，该书对从事该领域工作和研究的同道而言，具有明显的借鉴和参考作用。同时，我相信，随着研究的逐渐深入，新技术的不断运用，公共图书馆定能更多地消除残障读者的阅读障碍，使服务更上一层楼。

是为序。

周德明

2025年2月15日

目　录

第一章　公共图书馆无障碍服务 ……………………………………… 001
- 第一节　无障碍服务范畴 …………………………………………… 001
- 第二节　公共图书馆无障碍服务对象 ……………………………… 003
- 第三节　公共图书馆无障碍服务内容 ……………………………… 007
- 第四节　本章结语 …………………………………………………… 012
- 本章参考文献 ………………………………………………………… 013

第二章　无障碍服务相关政策法规 …………………………………… 014
- 第一节　无障碍服务政策法规体系的建立与发展 ………………… 014
- 第二节　公共图书馆无障碍服务政策法规 ………………………… 016
- 第三节　《马拉喀什条约》 …………………………………………… 021
- 第四节　本章结语 …………………………………………………… 024
- 本章参考文献 ………………………………………………………… 025

第三章　中国港台地区及国外部分公共图书馆视障服务及无障碍服务 …… 028
- 第一节　中国港台地区及国外部分公共图书馆视障服务 ………… 028
- 第二节　中国港台地区及国外部分公共图书馆无障碍服务 ……… 044
- 第三节　本章结语 …………………………………………………… 063
- 本章参考文献 ………………………………………………………… 063

第四章　中国内地（大陆）公共图书馆视障服务及无障碍服务 …… 072
第一节　中国内地（大陆）公共图书馆视障服务 …… 072
第二节　中国内地（大陆）公共图书馆无障碍服务 …… 105
第三节　中国内地（大陆）公共图书馆无障碍服务发展面临的问题及发展建议 …… 117
第四节　本章结语 …… 125
本章参考文献 …… 125

第五章　上海图书馆无障碍服务探索与发展 …… 128
第一节　上海图书馆视障服务 …… 128
第二节　上海图书馆东馆环境无障碍建设 …… 142
第三节　上海图书馆东馆无障碍服务 …… 147
第四节　本章结语 …… 174
本章参考文献 …… 175

第六章　结语 …… 176

附录一　公共图书馆无障碍服务问卷调查 …… 180
附录二　关于宣传报道中残疾人及残疾人工作有关称谓提示 …… 187

第一章

公共图书馆无障碍服务

第一节 无障碍服务范畴

无障碍服务是一种动态发展的服务理念,随着社会对于无障碍服务需求认知的深化,无障碍服务的内涵、服务对象、服务内容都在不断变化。而公共图书馆无障碍服务又是社会无障碍服务中一个具象化服务场景的缩影。讨论公共图书馆无障碍服务,先要了解无障碍理念的内涵、广义无障碍及狭义无障碍的范畴,这有助于我们厘清公共图书馆无障碍服务的边界。

一、无障碍认知的发展

萌芽时期:20世纪30年代,当时由于战争原因,许多人致残。为了让残疾人能走出家门,更好融入社会,为他们创造"平等参与"的环境,北欧国家开始兴建残疾人专用设施。之后,美国和英国等国家开始推动空间环境的无障碍设计。

形成时期:20世纪50年代,欧洲议会通过了《方便残疾人使用的公共建筑物的设计与建设的决议》,首次提出"无障碍"的概念,强调建筑的新建与改造要充分考虑残疾人的需求[1],以此倡导残疾人的"正常化"。

发展时期:1961年,美国制定了世界上第一部方便残疾人的建筑标准《无障碍标准》,这一标准使残疾人能够更安全、更方便地使用建筑物及相关设施。之后,英国、日本等十几个国家和地区为促进残疾人的身心健康,满足他们在心理和生理上的特殊需要,也相继制定了相关的法规和标准。1974年,联合国相关组织开始推广这种设计理念,使得无障碍理念被更多人了解。

无障碍在中国的发展:受国际无障碍理念的影响,1985年3月,在北京召开的"残疾人与社会环境研讨会"发出了"为残疾人创造便利生活环境"的倡议。同年的"全国两会"上,有人大代表和政协委员提出了"为残疾人需求的特殊设置建设"的建议和提案。残疾人的无障碍需求开始被国内社会越来越多人所关注。1986年编制、1989年颁布实施的《方便残疾人使用的城市道路和建筑物设计规范(试行)》,是国内第一部无障碍规范,标志着中国无障碍设施建设步入正轨。无障碍理念开始逐渐被国内所知晓,这为后续无障碍概念的拓展奠定了基础。

二 无障碍理念的内涵

无障碍理念最初提出是从"无障碍设计"开始的,主要考虑建筑设计要能满足残疾人的特殊需求。1974年联合国提出的"无障碍设计"的概念,其主旨为有关衣食住行的公共空间环境和设施设备,其规划设计应同时且充分考虑具有不同程度生理伤残缺陷者和正常活动能力衰退者的使用需求,营造充满爱和关怀,保障人类安全、便捷与舒适的现代化生活环境。[2]此时,无障碍理念主要还是聚焦在建筑领域。

1982年12月3日,联合国大会第三十七届会议正式通过《关于残疾人的世界行动纲领》,其中对"障碍"做了定义:指一个人,由于缺陷或残疾,而处于某种不利地位,以至限制或阻碍该人发挥按其年龄、性别、社会与文化等因素应能发挥的正常作用。[3]障碍的有无及程度是由残疾人与其生活环境之间的关系所决定的。当残疾人遭受到文化、物质或社会方面的阻碍,不能利用其他人可以利用的各种社会系统时,就产生了障碍。因此,"无障碍"已不仅指物理环境,还与文化、物质、社会方面有关,无障碍概念开始从建筑领域向与残疾人相关的多个社会领域延伸和拓展。

1993年,联合国大会通过了《残疾人机会均等标准规则》,此规则在联合国残疾人发展议题变化后,对"障碍"给出了新的定义:它指的是机会的丧失或受到限制,无法与其他人在同等基础上参与社会生活。这里的"它"特指患某种残疾的人与环境的冲突。使用此词的目的是着重强调环境中和社会上许多有组织活动诸如信息、交流和教育中的缺欠,使残疾人无法在平等基础上进行参与。[4]这个概念提到了残疾人因为信息、交流和教育中的欠缺,无法在平等基础上参与社会生活,并明确提出了无障碍环境建设:"各国应确认无障碍环境在社会各个领域机会均等过程中的全面重要性。对任何类别的残疾人,各国均应:(a)采取行动方案,使物质环境实现无障碍;(b)采取措施,在提供信息和交流方面实现无障碍。"[4]该规则给无障碍理念增加了信息交流要素。

2006年,联合国大会通过了《残疾人权利公约》,该公约对"无障碍"做了专门阐述:"为了使残疾人能够独立生活和充分参与生活的各个方面,缔约国应当采取适当措施,确保残疾人在与其他人平等的基础上,无障碍地进出物质环境,使用交通工具,利用信息和通信,包括信息和通信技术和系统,以及享用在城市和农村地区向公众开放或提供的其他设施和服务。"[5]"无障碍"的内涵又增加了无障碍服务。

三、狭义"无障碍"与广义"无障碍"

随着社会文明的不断发展,大家对于特殊人群需求的认知不断提升,从最初考虑全社会为他们打造无障碍的环境,到考虑设计出能让不同类型人员使用的通用服务环境,"无障碍"的概念不断被拓展与延伸。

狭义"无障碍"是仅针对特殊人群和弱势人群,为他们提供适合他们特殊需求的环境、信息化及各类服务。广义"无障碍"就是发展到一定阶段的高级设计理念,是致力于在最大可能范围内,为所有性别、年龄与能力人群提供方便使用的环境、信息化及各类服务。广义"无障碍"是在狭义"无障碍"基础上拓展与延伸,具有更广、更宽的概念范畴。

第二节　公共图书馆无障碍服务对象

公共图书馆作为一个社会属性的文化服务机构,需要充分考虑特殊人群的文化需求,确保他们能共享社会精神文化成果,因此需要为特定人群提供无障碍服务。

一 无障碍服务人群

从国际无障碍服务理念的发展来看,无障碍服务人群发生过几次重要的演变。最初,无障碍环境理念出现,主要考虑残疾人能融入社会生活和工作的无障碍环境需求,此时无障碍服务对象主要是残疾人,尤其是肢残人士。20世纪70年代以后,随着人口老龄化问题日益严重,无障碍服务对象有所扩大,除残障人士之外,还考虑老年人以及某些特定阶段行动不便人群,比如婴儿、孕妇、伤残人士等。20世纪90年代后,随着"人人平等"的思想影响,无障碍理念向通用设计扩展,强调产品、环境和服务要以人为本,最大可能考虑所有使用者的需求,且无需再进行专门设计及改造。无障碍服务对象也由老年人、残疾人等特定人群,扩展到所有人。

随着我国对无障碍理念的认知的不断深入,不同时期无障碍服务对象也有变化。2012年国务院通过的《无障碍环境建设条例》,对无障碍环境定义为:"为便于残疾人等社会成员自主安全地通行道路、出入相关建筑物、搭乘公共交通工具、交流信息、获得社区服务所进行的建设活动。"[6]此时的无障碍服务对象主要为残疾人。2023年6月通过的《中华人民共和国无障碍环境建设法》提出:"国家采取措施推进无障碍环境建设,为残疾人、老年人自主安全地通行道路、出入建筑物以及使用其附属设施、搭乘公共交通运输工具,获取、使用和交流信息,获得社会服务等提供便利。残疾人、老年人之外的其他人有无障碍需求的,可以享受无障碍环境便利。"[7]此时,无障碍服务对象已经包括残疾人、老年人以及其他有无障碍需求的群体。

总体来说,我国无障碍理念主要强调考虑使用者的便利与使用者的"特殊性",我国无障碍理念基本上还是国际无障碍理念通用性之前的理念,无障碍服务对象是有需求的人群,而不是所有人群。通用性设计是以"人人都应该受到尊重、人人平等"理念为指导,为了让残疾人不被差别对待,可以与健全人一样公平融入社会生活,减少他们的心理压力。相信在社会各界共同的努力下,中国的无障碍理念会继续不断发展。

二 公共图书馆无障碍服务对象

公共图书馆,是指向社会公众免费开放、收集、整理、保存文献信息并提供查询、借阅及相关服务,开展社会教育的公共文化设施[8],具有保障公民基本文化权益,提高公民科学文化素质和社会文明程度的功能,需要按照平等、开放、共享的要求向社会公众提供服务。因此,公共图书馆不仅要为普通公众提供各类阅读相关服务,还要考虑有特殊需求人群的阅读服务。

(一) 广义公共图书馆无障碍服务对象

基于公共图书馆的定义和职能,所有在阅读方面、使用图书馆空间方面、使用图书馆服务方面有障碍的人群,都应属于公共图书馆广义的无障碍服务对象,包括但不限于以下人群:残疾人、老年人、学龄前儿童等。

2018年1月施行的《中华人民共和国公共图书馆法》第三十四条规定:"政府设立的公共图书馆应当设置少年儿童阅览区域,根据少年儿童的特点配备相应的专业人员,开展面向少年儿童的阅读指导和社会教育活动,并为学校开展有关课外活动提供支持。有条件的地区可以单独设立少年儿童图书馆。"[8]在实际服务中,公共图书馆大都为学龄前儿童提供了专门的少儿服务,为他们准备了适合其年龄、学习能力特征的绘本文献、智能电讯设备,并配备了专门馆员服务。从服务内容上学龄前儿童的服务涵盖在了公共图书馆少儿服务范围内,学龄前儿童一般不作为公共图书馆无障碍服务对象。

《中华人民共和国公共图书馆法》第三十四条还要求:"应当考虑老年人、残疾人等群体的特点,积极创造条件,提供适合其需要的文献信息、无障碍设施设备和服务等。"[8]由此可见,公共图书馆无障碍服务对象主要是老年人、残疾人等有"障碍"群体。

(二) 狭义公共图书馆无障碍服务对象

在公共图书馆实际服务过程中,由于图书馆服务是基于图书馆有馆舍这一物理建筑,为公众提供文献借阅、阅读、各类文化服务等特性,加之残疾人生理的特殊性,不同残疾人对公共图书馆无障碍服务内容需求不同,公共图书馆需要考虑为他们提供专门的服务,帮助他们克服使用图书馆时遇到的各种障碍。因此,公共图书馆的无障碍服务对象主要为残疾人群体。

残疾人是指在心理、生理、人体结构上,某种组织、功能丧失或者不正常,全部或者部分丧失以正常方式从事某种活动能力的人。[9]国家标准《残疾人残疾分类和分级》(GB/T 26341—2010)解释:"按不同残疾分为视力残疾、听力残疾、言语残疾、肢体残疾、智力残疾、精神残疾和多重残疾……各类残疾按残疾程度分为四级,残疾一级、残疾二级、残疾三级和残疾四级。"

视力残疾定义:各种原因导致双眼视力低下并且不能矫正或双眼视野缩小,以致影响其日常生活和社会参与。视力残疾包括盲及低视力。[10]公共图书馆主要服务内容是提供文献信息服务,文献内容以纸质、电子为主,大都需要用眼阅读,而视力障碍人群无法用眼睛阅读普通文献资料,因此在所有类型残疾人中,视力障碍人士阅读障碍是最大的,是在公共图书馆无障碍服务过程中最先被作为服务对象优先考虑提供特殊服务的人群。

听力残疾定义:各种原因导致双耳不同程度的永久性听力障碍,听不到或听不清周围环境声及言语声,以致影响其日常生活和社会参与。[10]听障人群在使用公共图书馆服务中,主要障碍在于无法用语言沟通交流,无法享用图书馆与"听"相关的服务,因此也是公共图书馆要考虑其特殊需求的无障碍服务对象。

肢体残疾定义:人体运动系统的结构、功能损伤造成的四肢残缺或四肢、躯干麻痹(瘫痪)、畸形等导致人体运动功能不同程度丧失以及活动受限或参与的局限。[10]肢残人群,一般出行需借助轮椅辅助,对公共图书馆物理空间无障碍要求较高,或因出行不便,对图书馆无障碍服务有需求,因此也是公共图书馆无障碍服务对象。

言语残疾定义:各种原因导致的不同程度的言语障碍,经治疗一年以上不愈或病程超过两年,而不能或难以进行正常的言语交流活动,以致影响其日常生活和社会参与。包括:失语、运动性构音障碍、器质性构音障碍、发声障碍、儿童言语发育迟滞、听力障碍所致的言语障碍、口吃等(3岁以下不定残)。[10]此类残疾人,对公共图书馆服务需求基本等同于听障人士,因此一般也被纳入公共图书馆无障碍服务对象。

智力残疾定义:智力显著低于一般人水平,并伴有适应行为的障碍。[10]此类残疾人是由于神经系统结构、功能障碍,使个体活动和参与受到限制,需要环境提供全面、广泛、有限和间歇的支持。在公共图书馆条件许可的情况下,他们也被纳入无障碍服务对象的范畴。

精神残疾定义:各类精神障碍持续一年以上未痊愈,由于存在认知、情感和行为障碍,以致影响其日常生活和社会参与。[10]由于精神残疾的特殊性,一般公共图书馆无障碍服务对象不涵盖此类人群。

综上,公共图书馆狭义无障碍服务对象是对阅读、环境、服务有需求的视力残疾人群、听力残疾人群、肢体残疾人群、言语残疾人群,以及部分智力残疾人群。

第三节 公共图书馆无障碍服务内容

公共图书馆作为社会公共文化机构,致力于保障尽可能多的人享有受教育、参与知识社会和文化生活的权利。其中,也包括公共图书馆需要通过无障碍服务,让残障读者平等享受参与社会文化服务的权利。

公共图书馆为残障读者提供的无障碍服务包括以下三方面内容:环境无障碍、服务无障碍、信息无障碍。

一、公共图书馆环境无障碍服务内容

国家推进无障碍环境建设,是为了让残疾人等有无障碍需求人群,自主安全地通行道路、出入建筑物以及使用其附属设施,让他们可以享受无障碍环境便利。基于以上目标,公共图书馆环境无障碍服务内容主要包括图书馆建筑外部及内部能让残障读者均等享受图书馆服务的无障碍硬件设施。

根据 2012 年 9 月施行的《无障碍设计规范》要求(以下简称《规范》),关于公共建筑无障碍设计的一般规定内容包括:建筑基地的车行道与人行通道地面有高差时,在人行通道的路口及人行横道的两端应设缘石坡道;建筑基地的广场和人行通道的地面应平整、防滑、不积水;建筑基地的主要人行通道当有高差或台阶时应设置轮椅坡道或无障碍电梯。建筑基地内总停车数在 100 辆以下时应设置不少于 1 个无障碍机动车停车位,100 辆以上时应设置不少于总停车数 1% 的无障碍机动车停车位。公共建筑的主要出入口宜设置坡度小于 1∶30 的平坡出入口。建筑内设有电梯时,至少应设置 1 部无障碍电梯。当设有各种服务窗口、售票窗口、公共电话台、饮水器等时应设置低位服务设施。主要出入口、建筑出入口、通道、停车位、厕所电梯等无障碍设施的位置,应设置无障碍标志,无障碍标志应符合《规范》相关规定;建筑物出入口和楼梯前室宜设楼面示意图,在重要信息提示处宜设电子显示屏;公共建筑的无障碍设施应成系统设计,并宜相互靠近。

细化到文化类建筑的无障碍设施,需要符合以下规定:建筑物至少应有 1 处为无障碍出入口,且宜位于主要出入口处;建筑出入口大厅等主要人员聚集场所

有高差或台阶时应设轮椅坡道；公众通行的室内走道及检票口应为无障碍通道，走道长度大于 60.00 米；供公众使用的主要楼梯宜为无障碍楼梯；供公众使用的男、女公共厕所每层至少有 1 处应满足《规范》第 3.9.1 条的有关规定或在男、女公共厕所附近设置 1 个无障碍厕所。

对于图书馆、文化馆等建筑物的无障碍设施还应符合以下规定：图书馆、文化馆等安有探测仪的出入口应便于乘轮椅者进入；图书馆、文化馆等应设置低位目录检索台；报告厅、视听室、陈列室、展览厅等设有观众席位时应至少设 1 个轮椅席位；县、市级及以上图书馆应设盲人专用图书室（角），在无障碍入口、服务台、楼梯间和电梯间入口、盲人图书室前应设行进盲道和提示盲道；宜提供语音导览机、助听器等信息服务。以上是 2012 年的《规范》对公共图书馆环境无障碍的要求。

国内很多公共图书馆建筑建造时间较早，有不少建于 20 世纪 90 年代或 21 世纪初。当时国内对无障碍服务需求缺乏足够的认知和重视。很多图书馆建筑没有考虑无障碍设施，或仅考虑了部分设施，而且早期建造的无障碍设施不符合现行规范，也易造成使用者的使用不便。此类公共图书馆因无障碍基础设施先天不足，使得有需求的残障读者无法正常到达图书馆，或者因到馆有障碍使得他们对图书馆望而生畏，从而导致残障读者无法公平享受到公共图书馆的部分文化服务。

近几年国内有多地公共图书馆建设了新馆，如 2019 年 12 月开放服务的苏州第二图书馆、2022 年 9 月开馆的上海图书馆东馆、2023 年 8 月开馆的浙江图书馆之江馆、2023 年 12 月开放服务的北京城市图书馆和深圳图书馆北馆等，这些大体量新馆设计规划建设时，都考虑了公共图书馆服务的环境无障碍需求，无障碍设施也基本符合 2012 年实施的《规范》要求。无障碍设施大都包括了盲道、无障碍导向标志、无障碍停车位、无障碍出入口、无障碍通道、无障碍电梯、无障碍厕所、低位服务台、低位自助借还设备、活动空间轮椅席位等。但 2023 年 9 月《中华人民共和国无障碍环境建设法》施行，这些新馆因设计规划大都早于该法律的施行时间，最终落地的无障碍设施大都不能完全达到《中华人民共和国无障碍环境建设法》对于环境无障碍的要求。

根据《中华人民共和国无障碍环境建设法》规定要求，新建、改建、扩建的公共建筑、公共场所、公共服务设施，应当按照无障碍设施工程建设标准，配套建设无障碍设施。无障碍设施应当与主体工程同步规划、同步设计、同步施工、同步验收、同步交付使用,并与周边的无障碍设施有效衔接、实现贯通。无障碍设施应当设置符合标准的无障碍标识,并纳入周边环境或者建筑物内部的引导标识系统。这一要求,对于有机会新建、改建、扩建的国内公共图书馆的环境无障碍建设指明方向。各馆在做建设规划之初,就该参照无障碍设施工程建设标准,对无障碍设施建设同步规划,并将无障碍设施建设经费纳入工程建设项目概预算。该法律还规定,既有的上述建筑、场所和设施不符合无障碍设施工程建设标准的,应当进行必要的改造。这对公共图书馆的无障碍服务,又提出了更高的要求。

《中华人民共和国无障碍环境建设法》的施行,会推动相关的国家标准、行业标准、地方标准做相应的修改,以加强标准之间的衔接配合,构建无障碍环境建设标准体系。公共图书馆新建馆或改建馆,以法律、标准、规范要求为依据,充分考虑服务人群的环境无障碍需求,同步规划无障碍设施建设,以促进公共图书馆硬件无障碍环境建设,让残障人士能方便进出公共图书馆,享受公共文化服务。

二 公共图书馆服务无障碍服务内容

打造公共图书馆环境无障碍是让残障人士进入图书馆的基础,作为公共文化服务机构,更重要的是为残障人士提供无障碍的服务。

公共图书馆服务无障碍包括配置特殊文献,如为视障人士提供盲文文献资料、有声读物、听书设备等;提供特殊服务,如为听障人士提供手语服务、为视障人士提供送书上门服务等;提供专用设备和辅助设备体验服务,如为视障人士提供专用助视设备、读屏软件、专用智能识别朗读设备,为肢残人士准备轮椅等;配备专业馆员;为残障人士提供符合他们需求的阅读推广活动等。

公共图书馆无障碍服务对象中,阅读障碍最大的人群是视障读者人群。图书馆是以提供阅读服务为主的,视障读者人群因其阅读需求的特殊性,导致他们无法阅读普通图书。因此,国内公共图书馆无障碍服务最早是从为视障读者提供阅读服务开始的。服务模式从开始个别点对点服务,发展到构建盲文文献馆藏、开设专门阅览区或阅览室、配备兼职或专职馆员,为视障读者群体提供特殊服务。服务方式包括到馆看盲文图书,听有声读物,馆员赠送盲文文献,免费邮寄盲文文献到家,举办视障读者读书活动、文娱活动等。由于视障人群有些是先天原因有视力障碍,这类视障人群如果有机会进盲校,就能系统学习盲文,懂盲文的视障读者可以通过触摸来"阅读"盲文书,但根据公共图书馆实际接触到的视障人群情况,懂盲文的人并不是很多。有很多视障人士是后天因病或因故致盲,他们没有系统学习过盲文,没办法读盲文书,因此这类视障读者的阅读需求是听有声读物。公共图书馆有声读物服务的介质,在过去的近 30 年里随着技术发展不断发生变化。最初是磁带,之后随着录音机不再被使用,变为光盘,之后随着 MP3 及其他格式的有声资源的出现,公共图书馆提供的有声读物也随之改变。除提供有声读物外,2010 年开始,有部分公共图书馆开始尝试提供外借盲用听书设备,受到视障读者的好评。2017 年,由中宣部、财政部、文化部、国家新闻出版广电总局、中国残联组织实施的"盲人数字阅读推广工程"为全国 400 家设有盲人阅览室的公共图书馆配置了 20 万台基于互联网的智能听书机,免费向视障读者提供外借服务,从而使得公共图书馆外借智能听书机服务得以广泛普及。

在满足视障读者群体阅读需求后,公共图书馆开始考虑为更多残障读者提供无障碍的服务。公共图书馆在为听障读者服务时,一般会与听障读者通过笔谈沟通读者阅读需求,并为其找书、借书提供服务便利。近年来,有条件的公共图书馆会为馆员提供手语培训的机会,或者招聘懂手语的馆员,以期为听障读者能提供更优质的服务。部分图书馆考虑肢残读者借书不便,为肢残读者提供借书服务,定期举办肢残群体阅读推广活动等。对轻度智力残疾的成年读者,如果有绘本阅读需求的,为他们开通借阅少儿绘本图书的权限,满足他们借阅需求等服务。以上都是国内公共图书馆在服务无障碍方面的尝试。在后续章节中,将详细介绍相关的调研情况和分析。

三 公共图书馆信息无障碍服务内容

信息无障碍是指无论健全人还是残疾人、无论年轻人还是老年人都能够从信息技术中获益,任何人在任何情况下都能平等地、方便地、无障碍地获取信息、利用信息。[11]推进信息无障碍建设,是满足残疾人平等获取信息资讯、参与社会生活的基础保障,公共图书馆有责任和义务,为残障读者提供阅读相关的信息无障碍服务,为他们获取信息、享受公共服务提供便利。

2012 年,我国第一部无障碍环境建设的行政法规《无障碍环境建设条例》,

对"信息无障碍"提出了明确具体的政策规定。2016年,国务院印发并实施的《"十三五"加快残疾人小康进程规划纲要》要求大力推进互联网和移动互联网信息服务无障碍,要求公共服务机构、公共服务场所为残疾人提供信息无障碍服务。工信部也发布了一系列信息无障碍技术标准,为信息无障碍建设提供了技术依据。标准层面,国家标准有针对互联网网站的《信息技术 互联网内容无障碍可访问性技术要求与测试方法》(GB/T 37668—2019):规定了互联网内容无障碍的技术要求和测试方法;有YD/T 1822—2008《信息无障碍 身体机能差异人群 网站无障碍评级测试方法》,这些都适用于公共图书馆网站和数字服务。

公共图书馆提供的具体信息无障碍服务包括为残疾人提供语音和文字提示、手语、盲文等信息交流服务,以及提供电脑、智能手机使用培训。此外,还包括提供无障碍主页服务、无障碍数字图书馆、无障碍电影、室内定位导航技术应用等。这些其中一类是为残障读者在公共图书馆内获取服务信息无障碍,比如为听障读者提供手语服务、视频配字幕或手语等,为视障读者提供盲文版提示信息、语音提示信息等,以期让有获取信息障碍的残障读者能用自己的方式获取到信息。第二类是获取信息的技能培训及相关服务,比如为听障读者提供手语培训课程,为视障读者培训如何通过读屏软件使用电脑、上网,如何使用智能手机等培训。这些培训课程,都能帮助有获取信息障碍的残疾人学会通过辅助工具去使用互联网、使用智能手机等设备,提高他们生活质量。再比如公共图书馆参与的制作、放映无障碍电影,无障碍电影是指为了使视障人士能够更好地享受电影,通过增加旁白解说或其他辅助手段来描述电影中的视觉内容的一种电影形式,这些辅助手段通常包括旁白解说、音频描述、字幕、手语,无障碍电影让听障人士、视障人士也能欣赏电影,丰富他们文化生活。第三类是要求公共图书馆根据互联网、应用的相关标准,建设无障碍版网页服务、无障碍版移动应用,或者建立专门的无障碍数字图书馆,以满足残疾人的线上阅读、线上听讲座的需求。此类服务在国内公共图书馆都有探索,在本书后文会有相关服务及案例介绍。

未来,在信息社会信息爆炸的大数据时代背景下,信息无障碍的定义被赋予了更广泛的内涵。公共图书馆应该致力于推动和构建依托云计算、大数据、人工智能等技术的新型平台,通过包括互联网和移动互联网在内的信息环境,向残障人士提供机会均等的无障碍信息技术、产品和服务。

第四节　本章结语

本章节解决三个内容：什么是无障碍服务？公共图书馆为谁提供无障碍服务？公共图书馆提供哪些无障碍服务？讲清楚以上三个问题，有助于为本书后续研究内容划定研究范围。

无障碍服务范畴部分回顾了无障碍服务动态发展过程。从无障碍提供的服务内容来看，最初无障碍服务是为了解决残障人士能方便出行、方便进入公共领域，从无障碍设计领域开始的。随着社会对残障人士需求的研究深入，发现残障人士遇到的"障碍"不仅仅是建筑的无障碍设计，还包括文化、物质或社会方面的障碍，无障碍服务拓展到社会服务领域。随着技术的发展，无障碍服务又增加了信息技术服务。从服务范围来看，狭义无障碍是仅针对特殊人群和弱势人群，为他们提供适合他们特殊需求的环境、信息化及各类服务，广义无障碍则考虑通用性，涵盖更广范围。

公共图书馆服务对象部分，先从无障碍服务人群说起。最初，无障碍服务人群针对残障人士，随后扩展至老年人，进而覆盖到其他有无障碍需求的群体。而公共图书馆因其是提供文献信息、查询、借阅文献相关服务的机构，广义的公共图书馆无障碍服务对象是对于使用图书馆服务方面有障碍的人群，包括残障人士、老年人、学龄前儿童等阅读有障碍人群。而狭义的公共图书馆无障碍服务对象则是需要公共图书馆为其提供特殊服务的残障人士。由于不是所有残障人士都在享受阅读服务时面临障碍，因此公共图书馆目前无障碍服务对象为对阅读、环境、服务有需求的视力残疾人群、听力残疾人群、肢体残疾人群、言语残疾人群，以及部分智力残疾人群。

本书项目团队成员都是从事公共图书馆无障碍服务的馆员，研究相关内容最终落脚点还是要归到公共图书馆要为服务对象提供哪些无障碍服务。公共图书馆的无障碍服务包括了环境无障碍、服务无障碍、信息无障碍三类服务。环境无障碍的介绍，对于有机会改建、新建馆舍的公共图书馆提供了环境无障碍建设的支撑，在做改建、新建规划之初就充分考虑环境无障碍设计，并落实《中华人民共和国无障碍环境建设法》要求，按照《无障碍环境建设条例》的标准去落地公共图书馆环境无障碍建设，将能使建成的新馆更好为残障读者群体服务。服务无障碍是公共图书馆落实为残障读者提供阅读相关服务,是公共图书馆无障碍服务的核心内容。信息无障碍服务则是在技术飞快发展的今天,公共图书馆为了让残障读者群体消除"数字鸿沟",让他们也能均等化享受到互联网和移动互联网信息而提供的服务。

本章参考文献

[1] 成斌.国内外无障碍环境建设法制化之比较研究[J].西南科技大学学报(哲学社会科学版),2005(3):28-31,56.

[2] 陈瑜,吴佳雨.城市环境无障碍[M].北京:中国建筑工业出版社,2022:2.

[3] 百度百科.关于残疾人的世界行动纲领[EB/OL].[2024-07-21]. https://baike.baidu.com/item/%E5%85%B3%E4%BA%8E%E6%AE%8B%E7%96%BE%E4%BA%BA%E7%9A%84%E4%B8%96%E7%95%8C%E8%A1%8C%E5%8A%A8%E7%BA%B2%E9%A2%86/12694979?fr=ge_ala.

[4] 联合国.残疾人机会均等标准规则[EB/OL].(1993-12-20)[2024-07-21]. https://www.un.org/zh/documents/treaty/A-RES-48-96.

[5] 联合国.残疾人权利公约[EB/OL].(2006-12-13)[2024-07-21]. https://www.un.org/zh/documents/treaty/A-RES-61-106.

[6] 国务院.无障碍环境建设条例[EB/OL].(2012-07-10)[2024-06-21]. https://www.gov.cn/zhengce/zhengceku/2012-07/10/content_4580.htm.

[7] 中华人民共和国中央人民政府.中华人民共和国无障碍环境建设法[EB/OL].(2023-06-29)[2024-07-22]. https://www.gov.cn/yaowen/liebiao/202306/content_6888910.htm.

[8] 中国人大网.中华人民共和国公共图书馆法[EB/OL].(2017-11-04)[2024-07-22]. http://www.npc.gov.cn/zgrdw/npc/xinwen/2017-11/04/content_2031427.htm.

[9] 中华人民共和国中央人民政府.中华人民共和国残疾人保障法[EB/OL].(2021-10-29)[2024-07-17]. https://www.gov.cn/guoqing/2021-10/29/content_5647618.htm.

[10] 西安市未央区人民政府.残疾人残疾分类和分级[EB/OL].(2011-05-01)[2024-11-13]. http://www.weiyang.gov.cn/ztzl/cjrfw/cjflyfj/1724338979708387330.html.

[11] 百度百科.信息无障碍[EB/OL].[2024-09-03]. https://baike.baidu.com/item/%E4%BF%A1%E6%81%AF%E6%97%A0%E9%9A%9C%E7%A2%8D/7762369?fr=aladdin.

(谢 影)

第二章

无障碍服务相关政策法规

无障碍服务是保障残障人士均等参与社会活动和发展，是实现其基本权利的基础，无障碍服务的推进与落实需要有政策法规做支撑和推动。随着国内经济发展和社会文明进步，保障无障碍服务的法律法规和标准，不断建立和完善。

第一节 无障碍服务政策法规体系的建立与发展

我国无障碍服务法治建设起步比较晚，但近年来取得了很大进展，相关法律法规和机制建设越来越完善。据统计，中国涉及无障碍环境建设的法律、行政法规和国务院部门规章已经达到40多部。我国已经形成以《中华人民共和国宪法》为根本依据，以《中华人民共和国无障碍环境建设法》《中华人民共和国残疾人保障法》为基础，以《无障碍环境建设条例》为主导，以地方无障碍环境建设法规为主体，以相关法律法规为辅助，全面保障有需求公民的无障碍权利和促进无障碍环境发展的法律体系。无障碍法律体系的不断健全为无障碍服务提供了有力的法律保障。（图2-1）

《中华人民共和国宪法》中关于残疾人权益保障的内容最早体现在1982年通过的宪法中。其中第四十五条明确规定："中华人民共和国公民在年老、疾病或者丧失劳动能力的情况下，有从国家和社会获得物质帮助的权利。国家发展

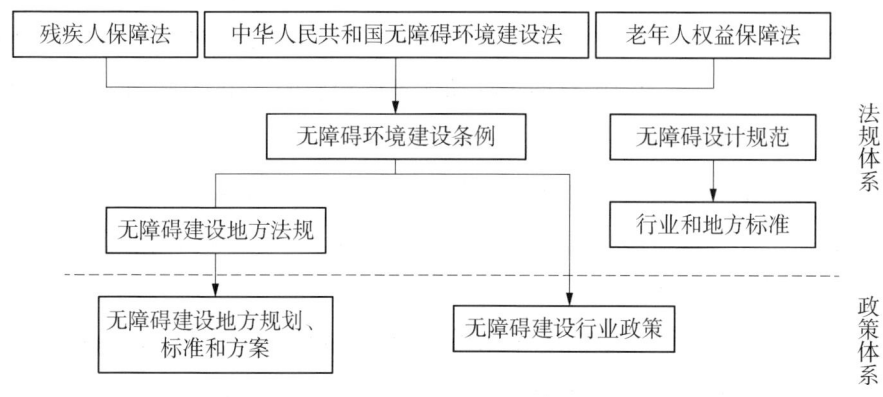

图 2.1 中国无障碍法律政策体系的结构

为公民享受这些权利所需要的社会保险、社会救济和医疗卫生事业。国家和社会保障残废军人的生活,抚恤烈士家属,优待军人家属。国家和社会帮助安排盲、聋、哑和其他有残疾的公民的劳动、生活和教育。"[1]这一条款体现了国家对残疾人权益的保障和尊重,确保残疾人在社会中能够得到必要的支持和帮助。从保障人权的角度,明确残疾人在各方面享有与其他公民同等的权利。

1989 年 4 月,由建设部、民政部、中国残疾人福利基金会联合编制的《方便残疾人使用的城市道路和建筑物设计规范(试行)》颁布实施,标志着中国无障碍设施建设工作步入正轨。

1990 年通过的《中华人民共和国残疾人保障法》规定:"国家和社会逐步实行方便残疾人的城市道路和建筑物设计规范,采取无障碍措施。"[2]首次以法律的形式确定无障碍环境建设,我国无障碍环境建设获得了初步的法治引领和保障。该法从维护残疾人的合法权益出发,要求国家和社会采取措施,对残疾人无障碍出行和获取信息的问题做出了规定,以保障残疾人与其他公民一样有权利平等、充分地参与社会生活,共享社会物质文化成果。2008 年通过的修改后的《中华人民共和国残疾人保障法》将"无障碍环境"部分由一条扩展成了一章,对国家和社会责任、无障碍设施建设等进行了全面的规定,明确了要求,增强了可操作性。

2012 年,国务院颁布了《无障碍环境建设条例》,为推动中国加速无障碍建设提供了具体的法规保障,标志着我国无障碍建设正式进入法制化轨道,进入了新的发展阶段,具有里程碑意义。同年,中华人民共和国住房和城乡建设部公布了《无障碍设计规范》,规范的公布对于提升社会的整体无障碍建设具有重要意义。它确保了残疾人、老年人以及其他有特殊需求的群体能够更加方便、安全地参与社会生活。规范的实施有助于推动无障碍设施的系统化、规范化和人性化设计,从而提高无障碍设施的覆盖率和使用效率。

2015年,住建部等部门又联合发布了《关于加强村镇无障碍环境建设的指导意见》,无障碍环境建设的覆盖面拓展到了村镇层面,并提出到2020年,村镇无障碍环境得以明显改善的目标。

2023年9月颁布实施的《中华人民共和国无障碍环境建设法》是我国在无障碍环境建设领域的首部基础性、综合性法律。这部法律的出台标志着我国在保障残疾人、老年人等群体平等、充分、便捷地参与社会生活方面迈出了重要的一步,对于促进社会全体成员共享经济社会发展成果具有重要意义。该法律明确了无障碍环境建设的定位、原则、内容、管理体制、保障措施和监督管理等方面的规定,为无障碍环境建设提供了坚实的法治保障。

除国家层面的无障碍建设的法律、行政法规外,各地也出台了地方性无障碍建设的法规、政府规章。这些地方性政策法规,对宪法和法律在地方的实施,对补充国家立法,以及各地因地制宜推进地方无障碍建设发挥着重要作用。据中国残疾人联合会发布的《中国残疾人事业发展统计公报》统计,截止到2021年底,全国共出台798个省、地、县级无障碍环境建设与管理法规、政府令和规范性文件。[3]

第二节 公共图书馆无障碍服务政策法规

公共图书馆为残疾人提供无障碍阅读服务,需要有相关政策法规作为保障。全国人大、国务院各部门、中国残疾人联合会以及图书馆行业内先后颁布了一系列与公共图书馆残障人士服务相关的规范性文件,形成了较为系统化的图书馆残障人士服务保障体系。

公共图书馆无障碍服务法律法规包括国家根本大法、基本政策法规、图书馆行业服务规范及标准、与残障人士相关的政策规范,是推动公共图书馆为残障人士提供无障碍及视障服务的保障和支撑。

第二章　无障碍服务相关政策法规

一　根本大法与行政法规

1954年9月20日通过的《中华人民共和国宪法》，从保障基本人权的角度明确了残疾人在各方面享有和正常人同等的权利，包括平等获取、利用信息的权利。[4]

1990年12月28日通过、2008年4月24日修订的《中华人民共和国残疾人保障法》，要求国家和社会应努力满足残疾人精神文化生活的需要，提出残疾人文化活动应当适应各类残疾人的不同特点和需要，要组织和扶持盲文读物、盲人有声读物及其他残疾人读物的编写和出版，在影视作品中增加字幕、解说。修订后增加了"根据盲人的实际需要，在公共图书馆设立盲文读物、盲人有声读物图书室"的要求。该法明确规定了残疾人享有平等参与社会生活的权利，包括文化、教育、就业等各方面的权利。公共图书馆等机构有义务为残疾人提供无障碍服务。[5]

1996年4月26日实施的《中国残疾人事业"九五"计划纲要（1996—2000年）》，明确提出公共文化场所应普遍对残疾人开放并提供特别服务，公共文化活动要广泛吸收残疾人参与。提出残疾人文化权益的保障措施：公共文化场所要主动为残疾人服务；大、中城市图书馆要提供盲文及盲人有声读物借阅；增加适合盲人、聋人、智障者的读物、配有字幕的影视作品等。[6]

2006年5月18日公布、2013年修订的《信息网络传播权保护条例》，第七条明确规定，图书馆等机构可以不经著作权人许可，通过信息网络向本馆服务对象提供本馆收藏的合法出版的数字作品。第十二条指出，不以营利为目的，通过信息网络以盲人能够感知的独特方式向盲人提供已经发表的文字作品，可以规避技术措施。[7]

2008年3月28日发布的《中共中央、国务院关于促进残疾人事业发展的意见》，提出要促进残疾人全面发展，加快无障碍建设和改造，建立健全以教育就业、文化体育等为主要内容的残疾人服务体系，扶持残疾人文化艺术产品生产和盲人读物出版等公益性文化事业。[8]

2012年8月1日实施的《无障碍环境建设条例》，要求公共建筑和设施必须符合无障碍设计标准，为残疾人提供便利的出行和使用环境。设区的市级以上人民政府设立的公共图书馆应当开设视力残疾人阅览室，提供盲文读物、有声读物,其他图书馆应当逐步开设视力残疾人阅览室。公共服务机构和公共场所应当创造条件为残疾人提供语音和文字提示、手语、盲文等信息交流服务,并对工作人员进行无障碍服务技能培训。[9]

2015年1月印发的《关于加快构建现代公共文化服务体系的意见》,将残疾人作为公共文化服务的重点对象之一,要求公共文化服务机构要为残疾人提供无障碍设施,实施盲文出版项目,开发视听读物,建设有声图书馆。[10]

2015年1月20日印发的《国务院关于加快推进残疾人小康进程的意见》,提出到2020年残疾人权益保障和公共服务的主要目标和具体措施。主要目标是实现残疾人权益保障制度基本健全、残疾人基本公共服务水平明显提高、帮助残疾人共享我国经济社会发展成果;具体措施是提升残疾人基本公共服务水平,全面推进城乡无障碍环境建设,完善信息无障碍标准体系等。[11]

2016年12月25日通过的《中华人民共和国公共文化服务保障法》,要求"各级人民政府应当根据未成年人、老年人、残疾人和流动人口等群体的特点与需求,提供相应的公共文化服务""公共文化设施的设计和建设,应当符合实用、安全、科学、美观、环保、节约的要求和国家规定的标准,并配置无障碍设施设备"。[12]

2023年9月1日施行的《中华人民共和国无障碍环境建设法》,要求推进无障碍环境建设,让残疾人可以享受无障碍环境便利。新建公共建筑、公共场所,应当符合无障碍设施工程建设标准。鼓励公开出版发行的图书、报刊配备有声、大字、盲文、电子等无障碍格式版本,方便残疾人阅读。提供公共文化服务的图书馆、博物馆、文化馆、科技馆等应当考虑残疾人、老年人的特点,积极创造条件,提供适合其需要的文献信息、无障碍设施设备和服务等。[13]

二 残障人士联合会相关政策法规

2006年10月印发的《残疾人事业宣传文化工作"十一五"实施方案》,通过"文化助残",推动地市级以上公众图书馆盲文及盲人有声读物图书室的建设;强化图书室的服务功能,增加图书和有声读物种类、数量;发挥志愿者的作用,为盲人提供送书上门或邮寄上门的服务等。[14]

2011年5月16日颁布的《中国残疾人事业"十二五"发展纲要》,提出"加强公共文化服务,满足残疾人基本文化需求"的主要任务目标,明确了"建设网上中国残疾人数字图书馆,拓展面向各类残疾人的数字资源服务""各级公共图书馆应设立盲人阅览室,配置盲文图书及有关阅读设备,做好盲人阅读服务"等政策措施。[15]

2012年3月发布的《中共中央宣传部等部门关于加强残疾人文化建设的意见》,明确了残疾人文化建设的总体要求:以进一步建立和完善残疾人公共文化服务体系为主体,以残疾人文化服务设施为补充,以基层综合文化站、村文化活动室、社区文化中心为依托,以残疾人文化项目为载体,为残疾人提供基本文化服务。将"为残疾人提供基本、均等的文化服务"作为实现残疾人文化权益的基本途径。[16]

2016年印发的《无障碍环境建设"十三五"实施方案》,要求各市县主要公共服务机构网站达到无障碍网站建设标准,图书和声像资源数字化建设实现信息无障碍,公共图书馆开设视障阅览室,影像制品加配字幕,并鼓励发展盲人影视作品等。[17]

2016年发布的《残疾人文化体育工作"十三五"实施方案》,要求省市级公共图书馆以及有能力的县级公共图书馆全部建立盲人图书室,配备盲文图书及有关阅读设备,做好盲人阅读服务;对残疾人文化服务具体发展规划的制定以及任务目标、具体措施、职责分工和实施步骤等进行了详细规定,以此推进残疾人文化服务工作的真正落实。[18]

2021年9月9日印发的《"十四五"提升残疾人文化服务能力实施方案》,要求各级公共图书馆等公共文化设施要有为残疾人提供服务的场地和内容,要免费或优惠向残疾人开放,并提供无障碍服务。各级公共图书馆要面向不同残疾类别人群,开展形式多样的个性化、差异化文化服务。扶持有条件的省、市、县三级公共图书馆建立盲人阅览室(区),增加盲文图书和视听文献资源,配备盲文图书及有关阅读设备,为盲人提供盲文读物、有声读物、大字读物、无障碍版本的电影、电视剧等产品,做好盲人阅读服务。扶持全国50个地市级公共图书馆、200个县级公共图书馆的盲人阅览室建设。[19]

三 图书馆行业无障碍服务政策法规

中国图书馆学会2008年通过并发布的《图书馆服务宣言》,确立图书馆对社会普遍开放、平等服务、以人为本的基本原则,明确图书馆的目标是"向读者提供平等服务""各级种类图书馆共同构成图书馆体系,保障全体社会成员普遍均等地享有图书馆服务""图书馆致力于消除弱势群体利用图书馆的困难,为全体读者提供人性化、便利化的服务"。[20]

由文化部主编、住房和城乡建设部与国家发展和改革委员会批准的《公共图书馆建设标准》于2008年11月1日起施行。该标准第二十七条明确规定"公共图书馆的无障碍设计应符合《城市道路和建筑物无障碍设计规范》(JGJ 50—2001)的规定"。[21]

2011年12月30日发布的《公共图书馆服务规范》,强调服务规划应体现出公益性、基本性、均等性和便利性原则,努力满足残疾人等特殊群体的特殊需求;在馆舍建筑指标要求、建筑功能布局、服务宣传、无障碍标识等方面都充分考虑到残疾人的特殊需求。[22]

2017年7月7日印发的《"十三五"时期全国公共图书馆事业发展规划》,将"提高服务效能,推进公共图书馆服务均等化建设"作为重点任务,要求公共图书馆加强特殊群体服务,加强残疾人等特殊群体适用资源建设和设施配备,有针对性地开展无障碍新技术应用培训、阅读辅导、送书上门、网络服务等。[23]

2018年1月1日起施行的《中华人民共和国公共图书馆法》,是我国为保障人民的公共阅读权利而制定的第一部图书馆专门法,第三十四条对公共图书馆残疾人服务做出重点规定,要求政府设立的公共图书馆应当考虑残疾人群体的特点,积极创造条件,为他们提供所需的文献信息、无障碍设施设备和服务等。[24]

2019年4月1日实施的《图书馆视障人士服务规范》,是我国首个图书馆残疾人标准化服务的规范性文件。规定了各省、地(市)、县(区)级公共图书馆(含少年儿童图书馆)、残疾人联合会、盲人教育机构和其他社会组织等视障人士服务的术语和定义、总则、服务对象、服务资源、服务内容与形式、服务要求、服务宣传、服务监督与评价。[25]

从国家层面的国家根本大法、基本政策法规,到中国残疾人联合会颁布的政策法规,再到图书馆行业颁布的政策规范,都对公共图书馆为残疾人方便进入公共文化场所、均等享受公共文化服务、平等获取利用信息提出了要求和标准。为推进公共图书馆提升残疾人无障碍服务建设提供了保障和支撑,对大力推进公共图书馆无障碍服务建设进程和发展起到了至关重要的作用。

第三节 《马拉喀什条约》

2013年6月17日至28日,世界知识产权组织在摩洛哥马拉喀什召开"关于缔结一项为视力障碍者和印刷品阅读障碍者获取已出版的作品提供便利的条约的外交会议",并缔结了一部新的国际条约——《关于为盲人、视力障碍者或其他印刷品阅读障碍者获得已出版作品提供便利的马拉喀什条约》(以下简称《马拉喀什条约》)。

《马拉喀什条约》由联合国专门机构——世界知识产权组织管理。该条约是世界上迄今为止唯一一部版权领域的人权条约,以《世界人权宣言》和联合国《残疾人权利公约》提出的人权原则为构想,旨在为盲人等因为残疾而不能正常阅读的弱势群体提供获得和利用已出版作品的机会。与以往世界知识产权组织主持缔约的各项版权条约均以提高版权保护水平为目的不同,《马拉喀什条约》的目的就是为各缔约方设定义务,要求其规定对版权的"限制与例外",以保障盲人等因为残疾而不能正常阅读的弱势群体欣赏作品和接受教育的权利。

一 《马拉喀什条约》缔结背景

世界上有很多因先天或后天原因而失明或视力低下的视障人群,他们无法阅读正常书籍。另外还有其他因为身体残疾或官能性残疾,无法用通常方式阅读书籍的"其他阅读障碍者"。要保障这一部分人群的受教育、参与社会文化生活的基本人权,就要为他们提供特殊需求的作品版本(以下简称"无障碍格式版"),如盲文图书、有声读物、大字本图书等。而全世界约3亿视障者中90%在发展中国家,其中还有一些最不发达国家。而全世界每年出版的数以百万计的图书,只有1%~7%能被视障人士及其他阅读障碍者获得。[26] 2013年6月28日,在马拉喀什外交会议上,51个世界知识产权组织成员国签署并最终通过了《马拉喀什条约》,以解决这一通常被称为"全球盲人书荒"的问题。

三 《马拉喀什条约》关键性内容

《马拉喀什条约》关键内容可以归纳为以下几点:

1. "受益人"定义

包括三类人群:①盲人;②有视觉缺陷、知觉障碍或阅读障碍的人,其缺陷或障碍虽经改善仍无法使视觉功能与无此类缺陷或障碍者基本等同,因此不能以与无缺陷或无障碍者基本相同的程度阅读印刷作品;③在其他方面因身体残疾而不能持书或翻书,或者不能集中目光或移动目光进行正常阅读的人。

2. "作品"定义

指《保护文学和艺术作品伯尔尼公约》第二条第一款所指的文学和艺术作品,形式为文字、符号和(或)相关图示,不论是已出版的作品,还是以其他方式通过任何媒介公开提供的作品。

3. "无障碍格式版"定义

指采用替代方式或形式,让受益人能够使用作品,包括让受益人能够与无视力障碍或其他印刷品阅读障碍者一样切实可行、舒适地使用作品的作品版本。无障碍格式版为受益人专用,必须尊重原作的完整性,但要适当考虑将作品制成替代性无障碍格式所需要的修改和受益人的无障碍需求。

4. "被授权实体"定义

指得到政府授权或承认,以非营利方式向受益人提供教育、指导培训、适应性阅读或信息渠道的实体。被授权实体也包括其主要活动或机构义务之一是向受益人提供相同服务的政府机构或非营利组织。被授权实体在以下方面制定并遵循自己的做法:①确定其服务的人为受益人;②将无障碍格式版的发行和提供限于受益人和(或)被授权实体;③劝阻复制、发行和提供未授权复制件的行为;④以及对作品复制件的处理保持应有注意并设置记录,同时根据第八条尊重受益人的隐私。

5. "无障碍格式版的跨境交换"的规定

要求缔约方允许其境内的"被授权实体"(指得到政府授权或承认,为视障者提供服务的非营利性组织)向另一缔约方的被授权实体或受益人提供根据限制与例外制作的无障碍格式版。由于根据限制与例外制作无障碍格式版无需经过权利人许可,且无需支付许可费或只需支付较低的法定许可费,该条规定实际上将使得发展中国家可以免费或以较低价格从发达国家获得无障碍格式版。[27]

6."无障碍格式版的进口"的规定

只要缔约方的国内法允许受益人、代表受益人行事的人或被授权实体制作作品的无障碍格式版，该缔约方的国内法也应同样允许其在未经权利人授权的情况下，为受益人的利益进口无障碍格式版。

7."关于技术措施的义务"的规定

缔约各方应在必要时采取适当措施，确保在其为制止规避有效的技术措施规定适当的法律保护和有效的法律救济时，这种法律保护不妨碍受益人享受本条约规定的限制与例外。[28]

三 《马拉喀什条约》在我国生效及落地

中国于 2013 年 6 月 28 日，签署《马拉喀什条约》，成为首批签署方之一。2021 年 10 月 23 日，经第十三届人大常委会批准，我国正式加入《马拉喀什条约》。2022 年 5 月 5 日，《马拉喀什条约》对中国生效。

1991 年 6 月 1 日施行的《中华人民共和国著作权法》(以下简称《著作权法》)规定，将已经发表的作品改成盲文出版，可以不经著作权人许可，不向其支付报酬。2020 年 11 月 11 日，《著作权法》完成第三次修改，并于 2021 年 6 月 1 日施行，其中将合理使用情形由原来的"将已经发表的作品改成盲文出版"扩展到"以阅读障碍者能够感知的无障碍方式向其提供已经发表的作品"，并在第五十条增加了避开技术措施的例外。

2022 年 8 月 1 日国家版权局发出关于印发《以无障碍方式向阅读障碍者提供作品暂行规定》(以下简称《暂行规定》)的通知。《暂行规定》是根据《著作权法》和我国批准的《马拉喀什条约》，为规范以无障碍方式向阅读障碍者提供作品的秩序，更好地为阅读障碍者使用作品提供便利，发挥著作权促进阅读障碍者平等参与社会生活、共享文化发展成果的作用而制定的规定。

《马拉喀什条约》在中国的生效，是中国在法律、社会和文化领域迈出的重要一步，为公共图书馆提供了法律依据和实际操作的指导。根据《马拉喀什条约》，公共图书馆被赋予了被授权主体地位，这为图书馆加强无障碍资源建设和服务提供了有力保障。公共图书馆可以借此机会提升服务质量，通过拓展视障群体服务渠道、加强视障群体权益保障、提供线上线下一体化服务等方式，满足视障群体和其他印刷品阅读障碍者的阅读需要，充实视障群体的文化生活。《马拉喀什条约》有助于公共图书馆提升对残障人士的服务水平。

第四节　本章结语

20世纪80年代以来，我国经济、文化、社会文明度都在高速发展过程中，但人们对于无障碍的认知和有障碍人群的需求的了解，是需要国家和各级政府通过政策法规来引导和推进的。

本章第一部分主要梳理了我国无障碍政策法规发展的历程，目前已构建的无障碍政策法规体系，以及各政策法规对于无障碍建设的内容和要求。帮助大家了解无障碍法治建设，以及法治建设对于整个社会无障碍服务的推动及保障的内容。

第二部分主要梳理了公共图书馆无障碍服务政策法规。公共图书馆要想做好无障碍服务，需要了解在国家无障碍法治建设过程中，各维度对公共图书馆为残障人士提供无障碍服务提出了哪些政策法规要求。了解这一部分内容，有助于公共图书馆知晓在馆舍设计过程中的环境无障碍建设、日常为残障人士提供服务无障碍建设、信息无障碍建设等领域，有哪些作为支撑依据的政策法规。

第三部分对《关于为盲人、视障者或其他印刷品阅读障碍者获得已出版作品提供便利的马拉喀什条约》这个国际条约单独做了介绍，该条约是世界上迄今为止唯一一部版权领域的人权条约，旨在为盲人等因为残疾而不能正常阅读的弱势群体提供获得和利用已出版作品的机会。这个条约解决了公共图书馆如何为视障和其他印刷品阅读障碍读者提供特殊阅读服务，又不违反知识产权法这一难题。我国现行的《以无障碍方式向阅读障碍者提供作品暂行规定》第十条规定，无障碍格式版服务机构（含跨境交换机构）实行告知性备案，相关机构应当依据备案指南向国家版权局备案。从国家版权局公布的第一批和第二批无障碍格式版服务机构备案结果来看，自2022年8月1日—2024年8月8日，共有90家无障碍格式版服务机构完成告知性备案，其中公共图书馆有75家，占到了83%。可见该公约引起了公共图书馆的广泛关注，公约在我国生效及落地前后，已有不少公共图书馆按规定向国家版权局报送了备案材料，并通过了备案审查。相信随着《马拉喀什条约》落地的推进，公共图书馆能更好地为视障读者提供满足个性化需求的各类介质的无障碍服务。

我国无障碍法治的推进,会让更多残障人士、老年人以及其他有特殊需求的人群得到权利保障。公共图书馆在政策法规保障下,能为有需要的人群提供更多均等化的无障碍服务。

本章参考文献

[1] 中国人大网.中华人民共和国宪法(1982年12月14日)[EB/OL].(2014-12-03)[2024-11-14].http://www.npc.gov.cn/zgrdw/npc/zt/qt/gjxfz/2014-12/03/content_1888093.htm.

[2] 中华人民共和国中央人民政府.中华人民共和国残疾人保障法(1990年)[EB/OL].(2005-05-25)[2024-11-14].https://www.gov.cn/banshi/2005-05/25/content_951.htm.

[3] 中国残疾人联合会.2023年残疾人事业发展统计公报[EB/OL].(2024-04-18)[2024-09-05].https://www.cdpf.org.cn/zwgk/zccx/tjgb/03df9528fdcd4bc4a8deee35d0e85551.htm

[4] 中国国产党网.中华人民共和国宪法(1954年)[EB/OL].(2015-03-18)[2024-06-21].https://news.12371.cn/2015/03/18/ARTI1426665514681575.shtml.

[5] 中国人大网.中华人民共和国残疾人保障法[EB/OL].(2015-03-18)[2024-06-21].https://www.gov.cn/guoqing/2021-10/29/content_5647618.htm.

[6] 国务院.国务院批转中国残疾人事业"九五"计划纲要的通知[EB/OL].(1996-04-26)[2024-06-21].https://law.lawtime.cn/d491477496571.html.

[7] 国务院.信息网络传播权保护条例[EB/OL].(2023-02-10)[2024-06-21].https://zgfzw.com/newsinfo/5275354.html.

[8] 国务院.中共中央国务院关于促进残疾人事业发展的意见[EB/OL].(2008-03-28)[2024-06-21].https://www.gov.cn/gongbao/content/2008/content_987906.htm.

[9] 国务院.无障碍环境建设条例[EB/OL].(2012-07-10)[2024-06-21].https://www.gov.cn/zhengce/zhengceku/2012-07/10/content_4580.htm.

[10] 国务院.关于加快构建现代公共文化服务体系的意见[EB/OL].(2015-01-14)[2024-06-21].https://baike.baidu.com/item/%E5%85%B3%E4%BA%8E%E5%8A%A0%E5%BF%AB%E6%9E%84%E5%BB%BA%E7%8E%B0%E4%BB%A3%E5%85%85%AC%E5%85%B1%E6%96%87%E5%8C%96%E6%9C%8D%E5%8A%A1%E4%BD%93%E7%B3%BB%E7%9A%84%E6%84%8F%E8%A7%81/16590961?fr=ge_ala.

[11] 国务院.国务院关于加快推进残疾人小康进程的意见[EB/OL].(2015-01-20)[2024-06-21].https://www.gov.cn/gongbao/content/2015/content_2818452.htm.

[12] 全国人民代表大会.中华人民共和国公共文化服务保障法[EB/OL].(2016-12-25)

[2024 - 06 - 21]. http://www.npc.gov.cn/zgrdw/npc/xinwen/2016-12/25/content_2004880.htm.

[13] 新华社.中华人民共和国无障碍环境建设法[EB/OL].(2023 - 06 - 29)[2024 - 06 - 21]. https://www.gov.cn/yaowen/liebiao/202306/content_6888910.htm.

[14] 中国盲人协会.残疾人事业宣传文化工作"十一五"实施方案[EB/OL].(2007 - 03 - 21)[2024 - 06 - 21]. https://www.zgmx.org.cn/newsdetail/d-239.html.

[15] 中国盲人协会.国务院关于批转中国残疾人事业"十二五"发展纲要的通知[EB/OL].(2011 - 07 - 12)[2024 - 06 - 21]. https://www.zgmx.org.cn/newsdetail/d-44936.html.

[16] 百度百科.中共中央宣传部等部门关于加强残疾人文化建设的意见[EB/OL].(2012 - 03 - 27)[2024 - 06 - 21]. https://baike.baidu.com/item/%E4%B8%AD%E5%85%B1%E4%B8%AD%E5%A4%AE%E5%AE%A3%E4%BC%A0%E9%83%A8%E7%AD%89%E9%83%A8%E9%97%A8%E5%85%B3%E4%BA%8E%E5%8A%A0%E5%BC%BA%E6%AE%8B%E7%96%BE%E4%BA%BA%E6%96%87%E5%8C%96%E5%BB%BA%E8%AE%BE%E7%9A%84%E6%84%8F%E8%A7%81/22643432?fr=ge_ala.

[17] 中国残疾人联合会.无障碍环境建设"十三五"实施方案[EB/OL].(2022 - 04 - 22)[2024 - 06 - 21]. https://www.cdpf.org.cn//ywpd/wq/wzahjjs/b6df68eccc8247659023e67c0a04c248.htm.

[18] 百度百科.残疾人文化体育工作"十三五"实施方案[EB/OL].(2016 - 09 - 21)[2024 - 06 - 21]. https://baike.baidu.com/item/%E6%AE%8B%E7%96%BE%E4%BA%BA%E6%96%87%E5%8C%96%E4%BD%93%E8%82%B2%E5%B7%A5%E4%BD%9C%E2%80%9C%E5%8D%81%E4%B8%89%E4%BA%94%E2%80%9D%E5%AE%9E%E6%96%BD%E6%96%B9%E6%A1%88/20443979?fr=ge_ala.

[19] 中国残疾人联合会.关于印发《"十四五"提升残疾人文化服务能力实施方案》的通知[EB/OL].(2021 - 09 - 08)[2024 - 06 - 21]. https://www.cdpf.org.cn/zwgk/ghjh/cjrsyfzgh/shisiwu/2ab3415737c340c691a55c23eef7f6dd.htm.

[20] 中国图书馆学会.图书馆服务宣言(2008)[J].图书馆建设,2008(10):1 - 1.

[21] 中华人民共和国住房和城乡建设部,中华人民共和国国家发展和改革委员会.公共图书馆建设标准108 - 2008[EB/OL].(2008 - 11 - 01)[2024 - 06 - 21]. http://www.zijin.gov.cn/zjxoldfiles/gov/upfiles/2016/12/19/4280329166423551-4280329166443723.pdf.

[22] 《公共图书馆服务规范》发布[J].图书馆理论与实践,2012(2):27 - 27.

[23] 文化部."十三五"时期全国公共图书馆事业发展规划[EB/OL].(2017 - 07 - 07)[2024 - 06 - 21]. https://www.gslib.com.cn/Upload/gsstsgxh/ContentManage/Article/File/2020/12/11/20201211111111182745/"十三五"时期全国公共图书馆事业发展规划.pdf.

[24] 全国人民代表大会.中华人民共和国公共图书馆法[EB/OL].(2018 - 11 - 05)[2024 - 06 - 21] http://www.npc.gov.cn/zgrdw/npc/xinwen/2018-11/05/content_2065662.

htm.
[25] 杨阳,沃淑萍. GB/T 36719-2018《图书馆视障人士服务规范》[J]. 标准生活,2019(3):46-49.
[26] 世界知识产权组织.《马拉喀什条约》(2013年)主要条款和益处[EB/OL]. (2022-04-28)[2024-06-21]. https://www.ncac.gov.cn/chinacopyright/upload/files/2022/4/80bc5380dc35da9c.pdf.
[27] 王迁.《马拉喀什条约》简介[J]. 中国版权,2013(5):5-8.
[28] 国家版权局. 关于为盲人、视力障碍者或其他印刷品阅读障碍者获得已出版作品提供便利的马拉喀什条约[EB/OL]. (2021-02-05)[2024-11-30]. https://www.ncac.gov.cn/xxfb/flfg/gjty/202102/t20210205_50532.html.

(谢 影)

第三章

中国港台地区及国外部分公共图书馆视障服务及无障碍服务

第一节 中国港台地区及国外部分公共图书馆视障服务

■ 调研对象：欧洲、亚洲、美洲和大洋洲四大洲具有代表性的城市公共图书馆

本部分调研了国际图联大都市图书馆委员会常委成员所在的国际大都市图书馆，参考了1982—2022年国际图联大会举办城市所在图书馆，并统筹兼顾了亚洲、美洲、欧洲和大洋洲的主要城市图书馆。选取其中有英文网站和视障特色服务的公共图书馆为主要研究对象。旨在对被调研对象开展的视障服务进行梳理，综合了解其视障服务情况。

文献调研的城市（地区）图书馆分布于13个国家或地区的17个城市，包括中国台北、中国香港、首尔（韩国）、东京（日本）、大阪（日本）、新加坡、曼彻斯特（英国）、伯明翰（英国）、科隆（德国）、里昂（法国）、巴塞罗那（西班牙）、都柏林（爱尔兰）、哥本哈根（丹麦）、纽约（美国）、费城（美国）、温哥华（加拿大）和悉尼（澳大利亚）。

三 中国港台地区及国外视障服务现状

(一) 美洲地区

1. 纽约公共图书馆(New York Public Library)视障服务

纽约公共图书馆成立于 1895 年,是美国最大的公共图书馆系统,共 92 个服务地点[1],92 个服务地点的公共电脑都安装了读屏软件和屏幕放大软件。安德鲁·海斯克尔盲文和有声读物图书馆(Andrew Heiskell Braille and Talking Book Library)成立于 1895 年,是纽约公共图书馆的分馆之一,为纽约市视障、身体障碍或有阅读障碍的居民提供免费服务。每周开放 42 小时。馆藏盲文图书、盲文期刊、大字本、有声读物、音像资料和数字资源等文献资源。配有盲用计算机、读屏软件、听书机、智能阅读机(器)、放大镜等设备及软件。安德鲁·海斯克尔盲文和有声读物图书馆邮寄有声读物、盲文文献不收取邮费。

安德鲁·海斯克尔盲文和有声读物图书馆视障特色项目包括:(1)盲文学习小组活动。每周举办 2 次,包含线上、线下形式,由馆员和志愿者帮助视障者制订盲文学习计划和作业,帮助视障者提升盲文熟练度。[2](2)提供 6 种早期盲文和触觉识字工具包,能引导家庭或学生完成触觉意识、模式匹配、线路跟踪、盲文识别、字母学习以及包容性活动和游戏。[3](3)帮助视障读者注册使用全国盲人联合会新闻专线。读者通过手机或移动设备应用程序,可以听到几百份报纸的合成语音音频。[4](4)提供与无障碍技术相关的个人辅导和各种小组研讨会。[5]

在安德鲁·海斯克尔盲文和有声读物图书馆有一个名为"尺寸实验室"的特色空间,在尺寸实验室,视障者可以学习制作触觉图形和 3D 模型,也可以通过触摸感受图形,还可以在图书馆馆员的帮助下,通过无障碍技术完成求职和打印邮件等目标。

钱西·弗利特是一名视障者,也是纽约公共图书馆的一名辅助技术协调员。作为视障者,她发现盲文文献和各种辅助设备输出的内容以文本、语音形式为主,视障者"阅读"街区地图、股票图和房屋设计图等日常生活中常见又必要的图片十分困难。2016 年,钱西·弗利特接到一位刚到纽约市的盲人读者来电,盲人读者请求一张能显示纽约五个行政区形状、相对位置和大小的地图。钱西·弗利特在盲文教科书出版商的帮助下解答了这个问题,并开始思考如何帮助视障者获得尚不存在的触摸图片。

钱西·弗利特发现,触觉可感知的分辨率远低于视觉可感知的分辨率,必须将触觉图形放大到足以使关键元素可检测;颜色不在触觉设计的范围内,必须使用条纹、虚线、无纹理等不同的纹理实现触觉区分;创建高质量触觉图像所需的技术通常存在如教科书出版公司、大学残疾人服务办公室和学校内的行政区域等机构中,且多由视力正常的人设计、制作和分发。由此,钱西·弗利特意识到一个自由开放的触觉图形实验室需要具备三个因素:一是易得易用的触觉图形设备,二是通过非视觉方式访问的硬件与软件,三是帮助视障者掌握使用触觉图形的技能。由此,在2016年纽约公共图书馆创新项目的资助下,钱西·弗利特创建了尺寸实验室。

尺寸实验室配备了可以快速将不同高度的点打到卡片纸上的图形压花机、用于创建凸起和纹理的墨水印刷品的膨胀成型机、用于硬拷贝盲文和压印金属板插图的热成型机和用于视障者手绘的触觉"黑板"等设备,以上创建触觉图形的设备通常呈现"2.5D"模型。即通常使用一毫米以下凸起的线条和形状来表示绘图、图表和图形。尺寸实验室还配备了3D打印模型——将塑料灯丝推过加热喷嘴并逐层沉积以形成所需形状。视障者可以通过触摸和声音评估3D打印的进度。虽然相对耗时,但当原始对象是三维的且由于太小(如分子)或太大(如大象)或太精致而无法触摸时,3D模型可能是最符合触觉需求的。尺寸实验室与纽约公共图书馆的数字团队合作,将纽约公共图书馆馆藏的珍贵文献——公元前2500年的黏土楔形文字石板,通过摄影测量法捕获了一些照片,在考古学家的帮助下将照片转换为3D模型,这些模型接近手掌大小,是圆柱体和长方形的刻有密密麻麻的铭文。目前,这些模型以交互式课堂套件的形式在图书馆分馆和学校之间展示使用,尺寸实验室与数字团队的此次合作,为视障者感受纽约公共图书馆珍贵的手稿、珍藏迈出重要一步。

2020年,钱西·弗利特借助尺寸实验室的图形压花机和触觉"黑板"制作了新家的平面图和后续图纸,实现了视障者与家人共同设计新居的愿望。2023年3月在纽约公共图书馆的社区活动室举办了首届触觉艺术教学活动。经过3天的学习,视障者学会了使用一种名为"聋人听闻的黑板"的低技术产品手绘,用圆珠笔在普通纸上画出触觉线条。视障者通过声音提示和穿过框架的丝带了解了透视。视障者还通过探索地图并编写代码来制作数字图纸。通过触觉艺术教学活动,视障者们意识到第一次接触触摸图形很艰难,大多数视障者已经习惯了读图困难的状态。钱西·弗利特认为通过学习制作和使用触觉图像,可以证明视障者需要、值得获取触觉图像,而触觉图像也将因此蓬勃发展。[6]

2. 费城自由图书馆(Free Library of Philadelphia)视障服务

位于宾夕法尼亚州的费城自由图书馆成立于1891年,共54个服务地点。[7]费城自由图书馆的其中一个服务地点是宾夕法尼亚州无障碍媒体图书馆(Library of Accessible Media for Pennsylvanians,简称 LAMP),每周开放40小时,设有专线服务电话。馆藏盲文图书、大字本、有声读物、音像资料和数字资源等文献资源。配有盲用计算机、读屏软件、智能阅读机(器)等设备及软件。[8]费城自由图书馆为残疾人、全职护理者等提供居家图书馆服务:包括免费送还书和延长六周的借阅期。[9]

宾夕法尼亚州无障碍媒体图书馆是一项由宾夕法尼亚州联邦图书馆办公室资助的项目,由匹兹堡卡内基图书馆(Carnegie Library of Pittsburgh)和费城自由图书馆在宾夕法尼亚州各地进行管理。[10]在20世纪30年代,根据该项目,费城自由图书馆的宾夕法尼亚州无障碍媒体图书馆已经为西弗吉尼亚州以及整个宾夕法尼亚州提供盲文服务。2012年,无障碍媒体图书馆为未预约的读者提供下载数字有声读物和制作本地录音服务。[11]

至今,宾夕法尼亚州无障碍媒体图书馆以数字和盲文、大字本和音频 DVD 等无障碍格式向宾夕法尼亚人发行了超过150万种图书。[12]

3. 温哥华公共图书馆(Vancouver Public Library)视障服务

温哥华公共图书馆是总分馆体系,共有21个服务地点,[13]全部配备大字体键盘和放大镜。其中20个服务地点配备放大灯。[14]

温哥华公共图书馆馆藏大字本、有声读物、音像资料和数字资源等文献资源,配有放大镜等设备及软件。[15]温哥华公共图书馆重视每个人的网络访问体验,图书馆官网的所有功能均符合万维网联盟(World Wide Web Consortium,以下简称"W3C")指南:Web Content Accessibility Guidelines(以下简称"WCAG")2.0 和 Authoring Tool Accessibility Guidelines(以下简称"ATAG")2.0。[16]

温哥华公共图书馆的无障碍服务空间位于中央图书馆主楼三楼,每周开放40小时。温哥华公共图书馆设立了无障碍服务部门,配备了无障碍设施,尽一切努力为残障读者提供便利。温哥华公共图书馆的视障服务特色项目是为残障读者提供一种特殊类型的温哥华公共图书馆卡,这张卡被称为"无障碍服务卡"。

居家人士的主要照顾者,符合条件的也可注册该卡。[17]拥有"无障碍服务卡"的读者,可以享受免费送书上门服务,该服务每4周交付一次,不收取盲文文献逾期罚款费用。[18]读者还可以使用国家公平图书馆服务网络,这是一个在线的公共图书馆,为有阅读障碍的温哥华居民提供可下载的电子书和有声读物。拥有"无障碍服务卡"的读者可以直接访问目录并下载资料。[19]

(二)大洋洲地区

1. 悉尼公共图书馆视障服务

悉尼公共图书馆由9家图书馆组成,[20]馆藏大字本、有声读物、音像资料和数字资源等文献资源。悉尼公共图书馆提供家庭图书馆服务,申请此服务的视障读者可以享受免费送书上门服务,服务内容包括书籍、有声读物、杂志、CD、DVD。申请此服务的视障读者还可以在线访问图书馆的全部数字资源,包括电子书、电子有声读物、电子杂志、电子报纸、音乐作品和电影。[21]

悉尼公共图书馆位于新南威尔士州,新南威尔士州立图书馆(State Library of New South Wales)收藏了大约9 500本英语大字本图书和7 000本有声读物,新南威尔士州立图书馆作为参考图书馆,馆藏只能现场阅读。新南威尔士州立图书馆提供大字本和有声读物的长期馆际互借服务,以长期借阅方式提供给本州的公共图书馆。悉尼公共图书馆的9家分馆,可以通过向新南威尔士州立图书馆馆际互借的形式,保持丰富的盲文文献馆藏。[22]

(三)亚洲地区

1. (中国台湾地区)台北市立图书馆视障服务

台北市立图书馆启明分馆是台湾第一家为视障者服务的公共图书馆,[23]每周开放40小时。馆藏盲文图书、明盲文对照本、有声读物、音像资料和数字资源等文献资源,配有盲用计算机、智能阅读机、点显器、扩视机等设备及软件。[24]

启明分馆视障特色项目包括:①提供免付费读报专线电话,可以依视障读者需求进行读报服务,每人每次20分钟。②举行启明读书会活动,于每月第2、4周周六上午9:30—11:30举行有声图书研讨。③每月出版"启明之音"有声杂志,为视障读者提供生活信息,供视障读者免费订阅。

在启明分馆办理视障借阅证,可以通过邮寄、传真或亲自到馆3种方式。每张视障借阅证可以借阅普通图书25册,借期30天,可续借2次。借阅视听资料10件,借期60天,不可续借。借阅盲文文献(盲文图书、明盲文对照本、有声书)

30册,借期60天,可续借1次。

启明分馆建立视障者专用网站,名称为"台北市立图书馆视障电子图书馆",通过AAA检测等级无障碍网页检测。视障电子图书馆提供线上有声书、点字书等资源,视障读者可以使用盲用窗口界面软件,以点字触摸显示器或语音,在线阅读及下载。[25]

2. (中国香港地区)香港公共图书馆视障服务

香港公共图书馆由71间固定图书馆、12间流动图书馆组成。[26]馆藏英文大字本、音像资料和数字资源等文献资源。[27]

香港于2011年4月1日起推行无障碍统筹经理和无障碍主任的制度,以改善政府处所的进出通道、无障碍设施和服务。[28]香港公共图书馆普遍设立无障碍主任,无障碍主任的姓名和联系方式可以在图书馆和康乐及文化事务署的网页查阅。香港71间公共图书馆和3间自助图书站都设立了无障碍主任,其中40间公共图书馆和自助图书站的无障碍主任由图书馆馆长担任,30间公共图书馆的无障碍主任由图书馆助理馆长担任。[29]香港中央图书馆是香港公共图书馆体系中面积最大、馆藏数量最多的公共图书馆,香港中央图书馆无障碍主任由楼宇管理经理担任。[30]馆长、助理馆长担任无障碍主任能提升公共图书馆无障碍服务效率和质量,体现香港公共图书馆对于服务特殊人群的重视。

3. 首尔市立图书馆(Seoul Metropolitan Library)视障服务

截至2023年1月,首尔市立图书馆馆藏盲文图书、大字本等残疾人读物13 839册、DVD和有声读物22 700盘(部)。[31]配有读屏软件、盲文键盘、盲文打印机、放大镜等设备及软件。借阅馆藏盲文文献,借期比普通文献延长15天。[32]残疾人阅览室位于首尔市立图书馆1楼,每周开放66小时,在残疾人阅览室中,设有面对面朗读室并提供残疾人在线咨询和免费送书服务。[33]

4. 东京都立图书馆(Tokyo Metropolitan Library)视障服务

日本公共图书馆视障特色服务之一是面对面朗读服务。面对面朗读服务是图书馆馆员和志愿者等为无法阅读常规文献的视障读者提供的当面朗读图书资料的服务,当面朗读的内容包括馆藏文献、读者信件等。东京都立图书馆由中央图书馆和多摩图书馆两个图书馆组成,是日本最大的公共图书馆之一。[34]中央图书馆的前身是东京都立日比谷图书馆。[35]1969年,已有东京都立日比谷图书馆向视障读者提供面对面朗读服务的记录。[36]2014年度,在中央图书馆有616

人使用了面对面朗读服务,共计使用时间2 640小时,朗读者人数共986人。[37]目前,在中央图书馆三楼的视障人士服务室依旧提供面对面朗读服务。中央图书馆馆藏盲文图书、有声读物等文献资源,配有读屏软件、智能阅读器等设备及软件。[38]

5. 大阪府立中央图书馆(Osaka Prefectural Central Library)视障服务

大阪府立中央图书馆重视建筑无障碍,为残障读者在图书馆内和馆外的无障碍通行提供便利。1996年建设新馆时,在图书馆外通往地铁站和车站的道路两侧都铺设了盲道,在图书馆前方人行道设置了声音信号。图书馆内的电梯上也有盲文标识。

大阪府立中央图书馆在20世纪前后已经关注视障儿童需求。图书馆的志愿者为视障儿童开设了民间的文库,取名"视觉障碍儿童文库"。每月双周的下午开展视障儿童读书会活动。馆员还根据儿童绘本的内容制作相应的盲文,粘贴在绘本上,制成盲文版儿童绘本。1996年10月,这些盲文绘本可以开架外借。[39]

目前,大阪府立中央图书馆一楼设有专门的残障读者服务空间,为视障和有阅读障碍的读者提供朗读服务。每周开放56小时,馆藏盲文图书、大字本、音像资料等文献资源。大阪府立中央图书馆设有残障读者专线电话,对于行动不便的读者,提供邮寄服务。[40]

6. 榜鹅区域图书馆(Punggol Regional Library)视障服务

2023年1月30日投入使用的榜鹅区域图书馆是新加坡最大的公共图书馆,也是新加坡的"图书馆和档案馆蓝图2025"(Libraries and Archives Blueprint 2025)图书馆,担任新加坡公共图书馆残疾人服务先锋的角色。馆藏盲文图书,配有大键盘等辅助设备。

榜鹅区域图书馆在规划过程中,就充分关注特殊群体需求。2018年以来,新加坡国家图书馆管理局(National Library Board)同超过500名残疾人和他们的看护者交流,了解他们的需求,以便在规划榜鹅区域图书馆时加入更多无障碍设施。[41]榜鹅区域图书馆在投入使用的过程中也同样重视残疾人服务,提供包括残疾人导览和为残疾人讲解辅助工具在内的多个义工岗位。义工上岗前,必须接受新加坡国家图书馆管理局的正式培训和到相关机构参加志愿服务项目,学习如何服务残疾人等技能。[42]

(四) 欧洲地区

1. 曼彻斯特中央图书馆(Manchester Central Library)视障服务

曼彻斯特中央图书馆馆藏大字本、有声读物、音像资料和数字资源等文献资源，配有盲用计算机、读屏软件、智能阅读机(器)等设备及软件。视障读者可以通过线上、电邮、电话三种形式申请免费送书上门服务。每四周最多可借15件文献。[43]

曼彻斯特中央图书馆和慈善机构合作，为视障者提供技能培训和技术支持，帮助视障者更好地融入社会。汉尚斯(Henshaws)机构是英国历史最悠久的慈善机构之一，180多年来一直帮助视障和其他残疾人，以帮助残疾人提升能力、重燃希望、减少孤独感和提高独立性为目标。其成员拥有丰富的视障服务经验和热情，机构内有专科学院支持有特殊教育需求的年轻人，有工艺美术中心通过艺术品制作聚集和鼓舞视障者，机构的视力丧失支持团队为各个年龄段的视障者提供指导建议，机构成员的工作地点还包括支持性住房和社区中心。[44] 2023年度，此机构为2 965名大曼彻斯特和默西塞德郡的视障者提供支持帮助。[45]

曼彻斯特中央图书馆与汉尚斯机构合作，每周四和周五上午10点至下午4点30分，中央图书馆的二楼，机构的顾问为视障者提供专家支持、技术评估、演示和培训。视障者可以通过拨打官网公布的联系电话，免费预约参与。[46]

2. 伯明翰图书馆(The Library of Birmingham)视障服务

伯明翰图书馆占地31 000平方米，是世界上最大的公共图书馆之一。[47] 伯明翰无障碍委员会是伯明翰市议会在残疾人身体无障碍问题上的咨询机构，他们参与了伯明翰图书馆整个设计过程。[48]

伯明翰图书馆整个建筑的色彩对比都经过仔细考虑，所有玻璃上都有标记，以便读者更容易看到。在整个建筑的厕所和电梯里设置了盲文和浮雕标志。伯明翰图书馆还设有一个无台阶的入口，并能根据视障者需要提供语音导览服务和提供盲文版《游客指南》。

伯明翰图书馆馆藏大字本、有声读物等文献资源，配有盲用计算机、读屏软件、智能阅读机(器)等设备及软件。[49]

3. 巴塞罗那图书馆视障服务

巴塞罗那图书馆以联盟的形式开展服务，共包括40家图书馆。[50] 巴塞罗那图书馆重视视障群体服务,馆藏大字本、有声读物、音像资料等文献资源,配有盲用计算机、读屏软件、智能阅读机(器)、放大镜等设备及软件。所有图书馆都有手持式和桌面式放大镜。

巴塞罗那图书馆为视障者提供上门送书服务。通过电话或电邮两种方式申请,最多可以免费借阅 30 本书,最长借期 4 个月。于每周二和周四上午 9 点至下午 2 点提供送书上门和取件服务。[51]

联盟其中两家图书馆启动了试点项目,该项目通过用盲文标记和收藏音乐,帮助视障者选择想要的音乐。[52]

4. 都柏林市图书馆(Dublin City Libraries)视障服务

都柏林市图书馆由 22 个图书馆组成[53],馆藏大字本、有声读物等文献资源,配有读屏软件、智能阅读机(器)等设备及软件。

在过去的几年里,都柏林市图书馆开展了图书馆访问改善计划,确保图书馆对每个人都是无障碍和舒适的。图书馆一共进行了 6 项主要的无障碍改善工程,包括:必要时设有坡道和内部升降机;完全重新粉刷,使用高对比度的颜色;启用新家具;建立辅助听力的感应回路系统;采用新的货架和地板布局以及改进无障碍公共厕所设施。其中的 8 家图书馆已经完成主要无障碍改善工程。

都柏林市图书馆为所有读者提供送书上门服务。为残障读者、机构等提供大批量借书服务,根据个人要求量身定制借阅数量、借阅期限和借阅文献类型。

都柏林市图书馆还发布了平等声明:"我们致力于为每个人提供服务,不受任何理由的歧视。我们尊重并重视个人和社区,为所有年龄和能力的人提供学习和发展机会。我们力求在我们所有的服务中促进平等和多样性。"[54]

5. 里昂市立图书馆(Lyon Public Library)视障服务

里昂市由 16 家公共图书馆组成里昂图书馆网络。里昂图书馆有一辆流动图书车,通过流动图书车,读者借阅的书籍、期刊、音像资料等可以归还给图书馆网络中的其他 15 家图书馆。对于视障等残障读者,图书馆可以通过流动图书车,将他们想要借阅的书刊资源带到方便前往的任意 15 家图书馆(网络成员)之一。首次开通这项服务,读者需前往 16 家图书馆中的任意一家,并出示残疾证。之后,读者可以在图书馆内或通过电话、电子邮件预定想要从其他图书馆借阅的资料,一次最多 5 件,预定时需要提供读者编号。图书馆准备好资料后,通过电子邮件或信息通知读者。[55]

6. 科隆市图书馆(Cologne City Library)视障服务

盲人听力图书馆是一个为视障人士和盲人设立的图书馆。它于 1919 年在科隆战争盲人的倡议下成立。如今，它是科隆市图书馆的一部分。每周开放 32 小时。在盲人听力图书馆中，读者可以凭借书证免费借阅盲文图书、盲文期刊、2 万种有声读物、5 万种音像资料、6.5 万种有声图书、听书机等。盲人听力图书馆还拥有可以识别 150 种颜色的可发音颜色识别装置，盲人免费邮寄借书服务。[56]

7. 哥本哈根图书馆(Copenhagen Libraries)视障服务

哥本哈根图书馆由 1 家中心图书馆和 19 家分馆组成。[57] 哥本哈根图书馆是向日葵计划的参与者。并非所有残疾都是可见的，有些残疾并不明显，例如孤独症、慢性疼痛、痴呆、焦虑、视力或听力障碍。对许多人来说，患有隐性残疾可能会使日常生活更加艰难。佩戴向日葵挂绳能谨慎地向周围的人表明自己有隐藏的残疾，可能需要额外的支持和帮助。哥本哈根图书馆一直在努力提高图书馆的可访问性，并创建对图书馆的平等访问环境，图书馆的工作人员不会询问佩戴者有什么诊断或残疾，但一定会询问如何以最佳方式提供帮助。[58]

三 中国港台地区及国外公共图书馆视障服务情况分析

本次被调研的公共图书馆共 17 家，其中，16 家是城市公共图书馆，1 家是区域图书馆。基于 17 家公共图书馆中英文网站可获取的数据、艾博思科(EBSCO)数据库和中国知网(CNKI)数据库的相关文献，对中国港台地区及国外公共图书馆视障服务情况进行分析。

(一) 地域分布情况

在 17 家被调研的公共图书馆中，位于欧洲的有 7 家，占比 41.18%；位于亚洲的有 6 家，占比 35.29%；位于美洲的有 3 家，占比 17.65%；位于大洋洲的有 1 家，占比 5.88%。(图 3.1)

(二) 视障服务空间

基于 17 家公共图书馆中英文网站可获取的数据及相关文献资料，在 17 家被调研的公共图书馆中，有 8 家拥有面向视障人士专设的阅览室，占比 47.06%；有 9 家无面向视障人士专设的阅览室，占比 52.94%。(图 3.2)

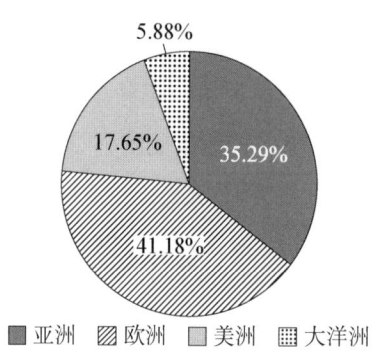
图 3.1　地域分布情况

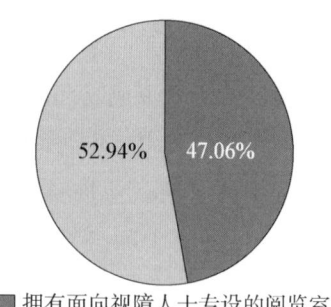
图 3.2　视障服务空间

欧洲地区 7 家被调研的公共图书馆中，1 家有面向视障人士专设的阅览室，占比 14.29%；6 家无面向视障人士专设的阅览室，占比 85.71%。亚洲地区 6 家被调研的公共图书馆中，4 家有面向视障人士专设的阅览室，占比 66.67%；2 家无面向视障人士专设的阅览室，占比 33.33%。美洲地区 3 家被调研的公共图书馆中，3 家都有面向视障人士专设的阅览室，占比 100%。这 3 家公共图书馆的视障人士阅览室平均每周开放 40.67 小时。大洋洲地区 1 家被调研的公共图书馆没有面向视障人士专设的阅览室。（表 3.1）

表 3.1　视障服务空间及周开放时间

所属洲	国别	调研图书馆	视障服务空间	每周开放时间（小时）
欧洲	英国	曼彻斯特中央图书馆	无	—
		伯明翰图书馆	无	—
	西班牙	巴塞罗那图书馆	无	—
	爱尔兰	都柏林市图书馆	无	—
	法国	里昂市立图书馆	无	—
	德国	科隆市图书馆	盲人听力图书馆	32
	丹麦	哥本哈根图书馆	无	—
亚洲	中国	台北市立图书馆	启明分馆	40
		香港公共图书馆	无	—
	韩国	首尔市立图书馆	残疾人阅览室	66

续表

所属洲	国别	调研图书馆	视障服务空间	每周开放时间(小时)
	日本	东京都立图书馆	视障人士服务室	—
		大阪府立中央图书馆	残障读者服务空间	56
	新加坡	榜鹅区域图书馆	无	—
美洲	美国	纽约公共图书馆	安德鲁·海斯克尔盲文和有声读物图书馆	42
		费城自由图书馆	宾夕法尼亚州无障碍媒体图书馆	40
	加拿大	温哥华公共图书馆	中央图书馆主楼三楼	40
大洋洲	澳大利亚	悉尼公共图书馆	无	—

(三) 无障碍设备情况

基于17家公共图书馆中英文网站可获取的数据及相关文献资料,在17家被调研的公共图书馆中,配备盲用计算机的有6家,占比35.29%;配备读屏软件的有8家,占比47.05%;配备听书机的有2家,占比11.76%;配备智能阅读机(器)的有8家,占比47.05%;配备放大镜的有4家,占比23.53%;配备点显器的有1家,占比5.88%;配备扩视机的有1家,占比5.88%;配备盲文打印机的有1家,占比5.88%。(图3.3)

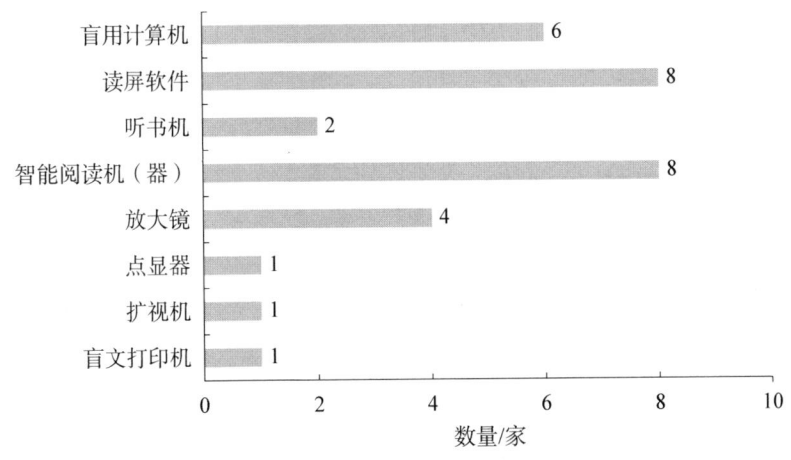

图3.3 无障碍设备服务情况

(四）盲文馆藏情况

基于17家公共图书馆中英文网站可获取的数据及相关文献资料，在17家被调研的公共图书馆中，有8家提供盲文图书借阅，占47.06%；有2家提供盲文期刊借阅，占11.76%；有12家提供有声读物借阅，占70.59%；有11家提供大字本借阅，占64.71%；有11家提供音像资料借阅，占64.71%；有7家提供数字资源借阅，占41.18%；有1家提供明盲文对照本借阅，占5.88%。（图3.4）

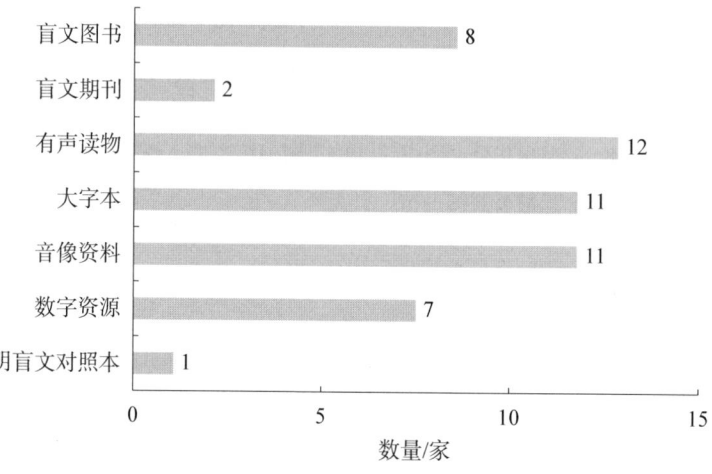

图3.4　借阅服务的资源类型

（五）提供邮寄服务情况

基于17家公共图书馆中英文网站可获取的数据及相关文献资料，在17家被调研的公共图书馆中，有11家提供邮寄服务，占比64.7%。其中，8家邮寄免费，3家邮寄收费情况不详。（表3.2）

表3.2　邮寄服务情况

所属洲	国别	调研图书馆	邮寄服务	是否免费
欧洲	英国	曼彻斯特中央图书馆	√	√
		伯明翰图书馆	—	—
	西班牙	巴塞罗那图书馆	√	√
	爱尔兰	都柏林市图书馆	√	/
	法国	里昂市立图书馆	√	/

续表

所属洲	国别	调研图书馆	邮寄服务	是否免费
欧洲	德国	科隆市图书馆	√	√
	丹麦	哥本哈根图书馆	—	—
亚洲	中国	台北市立图书馆	—	—
		香港公共图书馆	—	—
	韩国	首尔市立图书馆	√	√
	日本	东京都立图书馆	—	—
		大阪府立中央图书馆	√	/
	新加坡	榜鹅区域图书馆		
美洲	美国	纽约公共图书馆	√	√
		费城自由图书馆	√	√
	加拿大	温哥华公共图书馆	√	√
大洋洲	澳大利亚	悉尼公共图书馆	√	√

如表 3.2 所示，欧洲地区 7 家被调研的公共图书馆中，5 家提供邮寄服务，占 71.43%。亚洲地区 6 家被调研的公共图书馆中，2 家提供邮寄服务，占 33.33%。美洲地区 3 家被调研的公共图书馆中，3 家提供邮寄服务，占 100%。大洋洲地区 1 家被调研的公共图书馆，提供邮寄服务。

（六）与各部门、组织的合作情况

基于 17 家公共图书馆中英文网站可获取的数据及相关文献资料，9 家公共图书馆通过与各部门、组织的合作，丰富视障服务内容：其中采取馆际合作形式的有 3 家，与社会组织合作的有 3 家，与政府部门合作的有 3 家，均占比 33.33%。（图 3.5）

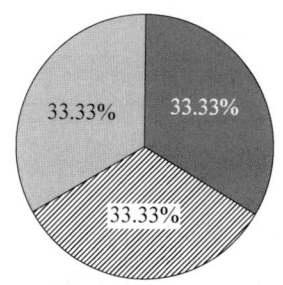

图 3.5　与各部门、组织的合作情况

如表 3.3 所示,欧洲地区 7 家被调研的公共图书馆中,4 家公共图书馆通过与各部门、组织合作丰富视障服务内容,占 57.14%。亚洲地区 6 家被调研的公共图书馆中,1 家公共图书馆通过与各部门、组织合作丰富视障服务内容,占 16.67%。美洲地区 3 家被调研的公共图书馆中,3 家公共图书馆通过与各部门、组织合作丰富视障服务内容,占 100%。大洋洲地区 1 家被调研的公共图书馆,通过与各部门、组织合作丰富视障服务内容。

表 3.3 与各部门、组织的合作

所属洲	国别	调研图书馆	馆际合作	与政府部门合作	与社会组织合作
欧洲	英国	曼彻斯特中央图书馆	—	—	√
		伯明翰图书馆	—	√	—
	西班牙	巴塞罗那图书馆	—	—	—
	爱尔兰	都柏林市图书馆	—	—	—
	法国	里昂市立图书馆	√	—	—
	德国	科隆市图书馆	—	—	—
	丹麦	哥本哈根图书馆	—	—	√
亚洲	中国	台北市立图书馆	—	—	—
		香港公共图书馆	—	—	—
	韩国	首尔市立图书馆	—	—	—
	日本	东京都立图书馆	—	—	—
		大阪府立中央图书馆	—	—	—
	新加坡	榜鹅区域图书馆	—	√	—
美洲	美国	纽约公共图书馆	—	—	√
		费城自由图书馆	√	—	—
	加拿大	温哥华公共图书馆	—	√	—
大洋洲	澳大利亚	悉尼公共图书馆	√	—	—

(七) 视障特色服务

基于 17 家公共图书馆中英文网站可获取的数据及相关文献资料,17 家被调研的公共图书馆的视障特色服务如表 3.4 所示。

表 3.4 视障特色服务

所属洲	国别	调研图书馆	面对面朗读	读书会及研讨会	读报及报纸音频	技能培训支持	自制盲用资源	其他
欧洲	英国	曼彻斯特中央图书馆				✓		与慈善机构汉尚斯合作
		伯明翰图书馆					✓	伯明翰无障碍委员会参与图书馆整个设计过程
	西班牙	巴塞罗那图书馆						盲文标记和收藏音乐
	爱尔兰	都柏林市图书馆						进行6项主要的无障碍改善工程
	法国	里昂市立图书馆						可前往15个图书馆任意一家借阅
	德国	科隆市图书馆						1919年成立盲人听力图书馆
	丹麦	哥本哈根图书馆						参与向日葵计划
亚洲	中国	台北市立图书馆		✓	✓		✓	建立视障者专用网站
		香港公共图书馆						设立无障碍主任
	韩国	首尔市立图书馆	✓					残疾人在线咨询系统
	日本	东京都立图书馆	✓					1969年已开始向视障读者提供面对面朗读
		大阪府立中央图书馆			✓		✓	20世纪前后已经关注视障儿童需求
	新加坡	榜鹅区域图书馆						义工上岗前,必须接受国家图书馆管理局的正式培训,学习如何服务残疾人
美洲	美国	纽约公共图书馆		✓	✓	✓	✓	创建尺寸实验室以触觉读图
		费城自由图书馆						宾夕法尼亚州无障碍媒体图书馆
	加拿大	温哥华公共图书馆						提供无障碍图书馆卡
大洋洲	澳大利亚	悉尼公共图书馆						馆际互借保持丰富的盲文馆藏

基于17家公共图书馆中英文网站可获取的数据及相关文献资料，在17家被调研的公共图书馆中，欧洲地区7家被调研的公共图书馆视障特色服务各有不同，涉及技能培训、环境无障碍、借阅流通、精准化服务、自制盲用资源等方面。亚洲地区6家被调研的公共图书馆，普遍注重视障者阅读体验和与视障者的交流沟通。其中，2家公共图书馆提供面对面朗读服务；2家公共图书馆提供自制盲用资源；2家公共图书馆举办读书会活动。美洲地区3家被调研的公共图书馆中，纽约公共图书馆提供的视障服务最为全面：纽约公共图书馆提供各种小组研讨会、报纸音频、技能支持培训、盲用资源等多项服务，并建立尺寸实验室帮助视障者通过触摸读图；2家公共图书馆设立无障碍空间，1家公共图书馆提供无障碍图书馆卡，尽一切努力满足视障读者阅读需求。大洋洲地区1家被调研的公共图书馆，通过馆际互借保持丰富的盲文馆藏。

第二节 中国港台地区及国外部分公共图书馆无障碍服务

一、调研对象：欧洲、亚洲、美洲和大洋洲四大洲具有代表性的城市公共图书馆

本部分调研了国际图联公平和无障碍图书馆服务科（Equitable and Accessible Library Services Section）、为阅读障碍人士服务的图书馆科（Libraries Serving Persons with Print Disabilities Section）和为有特殊需要的人提供图书馆服务科（Library Services to People with Special Needs Section），在三者的会议和文件中提到的有关城市图书馆，参考了1982—2022年国际图联大会举办城市所在图书馆，并统筹兼顾了亚洲、美洲、欧洲和大洋洲的主要城市图书馆。选取其中有无障碍特色服务的公共图书馆为主要研究对象。旨在对被调研对象开展的无障碍服务情况进行梳理，了解其无障碍服务现状。由于视障服务在前一节内容中已做介绍，本节中无障碍服务不包括对视障人群的服务。

文献调研的城市（地区）图书馆分布于14个国家或地区的20个城市，包括中国台北、中国香港、首尔（韩国）、东京（日本）、大阪（日本）、新加坡、曼彻斯特（英国）、伯明翰（英国）、科隆（德国）、马里博尔（斯洛文尼亚）、里昂（法国）、图卢

兹(法国)、巴塞罗那(西班牙)、都柏林(爱尔兰)、哥本哈根(丹麦)、纽约(美国)、旧金山(美国)、哥伦比亚特区(美国)、温哥华(加拿大)和悉尼(澳大利亚)。

二 中国港台地区及国外无障碍服务现状

(一) 美洲地区

1. 纽约公共图书馆(New York Public Library)无障碍服务

纽约公共图书馆可根据听障读者要求，在92个地点所有的课程和活动中为其提供美国手语口译或字幕服务。听障读者需至少提前两周，通过电子邮件申请和免费预订。听障读者需提供包括姓名、电子邮件、电话、请求的服务类型、活动名称、活动日期和活动举办的图书馆等信息。

听障读者可以在3家图书馆的4个服务点获得助听器，在7家图书馆的13个服务点使用辅助听力的感应回路系统。[59]

大多数纽约公共图书馆都完全适合轮椅使用者。身体残疾的读者可以注册申请邮寄书籍。申请者需要下载填写申请表，并由卫生或社会服务专业人员签署(例如医生、护士或社会工作者)，以证明该读者因暂时或永久残疾而无法离开家。

如果读者的身体残疾导致难以拿书或翻页，将有资格参加有声读物计划，使用有声读物邮寄到家服务。其中，残疾儿童和青少年还可以报名参加安德鲁·海斯克尔图书馆的暑期阅读计划。该计划提供无障碍格式的精彩书目，还提供远程参与和适合残障孩子的奖品。[60]

纽约公共图书馆提供一系列适合有学习、认知或发育障碍的成年人的课程，从电影放映到计算机技能课程。图书馆还为儿童提供感官友好的节目——所有节目都是互动的，旨在通过音乐、运动、故事和感官活动游戏吸引孩子们。使用纽约公共图书馆借书证可以在家中或92个地点中的任意一个访问Bookflix数据库和Tumblebooks数据库。Bookflix数据库可以在线浏览文学资源，将经典视频故事书与相关的非小说类电子书配对，以帮助读者建立对阅读和学习的热爱。Tumblebooks数据库能在读者观看图画书时，使动画插图和文字在大声朗读时突出显示。[61]

2. 旧金山公共图书馆(San Francisco Public Library)无障碍服务

旧金山公共图书馆的所有设施都可供轮椅使用者使用。无障碍设施设备包括自动门、坡道和电梯、32英寸(约81厘米)高的桌子、电脑设备和不同高度的服务台。[62]

听力障碍者可以借用带颈环的助听器,这种小型个人助听器用于一对一通信,可用于服务台或公共计算机课程和程序中。还可以借用耳机和耳机一次性保护套。

学习障碍者可以借用18英寸(约46厘米)带盲文的大打印标尺,标尺可以通过提供一条水平线作为参考来帮助人们更清晰地书写。它们也可以放在当前正在阅读的文本行下,这样读者就不会被紧随其后的文本分散注意力,由于带有盲文标识,会盲文的视障读者也可以使用。[63]

旧金山公共图书馆主图书馆一楼设有聋人服务中心。聋人服务中心为聋人或听力障碍的成人和儿童,他们的家人、朋友和专业人士提供深入的资源,一周开放41小时。聋人服务中心馆藏大量关于美国手语、聋人文化、口译、育儿、听力损失、耳聋和其他相关主题的书籍、杂志、视频和DVD。聋人服务中心还提供一个资源文件集,其中包含杂志文章、剪报、书籍和视频评论、小册子、传单等,重点是聋人文化、历史和其他相关主题。[64]聋人服务中心还提供有关于聋人戏剧的资源:剧本、视频、书籍、各种录像带和DVD。[65]

聋人服务中心的工作人员提供美国手语和英语服务。对于旧金山公共图书馆的活动,提供辅助听力设备和美国手语翻译、英语口语口译和英语实时字幕,需要至少提前一周申请。读者还可以在配备隐藏式字幕解码器的电视上观看视频或者DVD。

旧金山公共图书馆在国家人文基金会、旧金山基金会、加州人文委员会、美国索尼公司的资助下制作了《美国文化:聋人视角》,这是一个探索美国聋人文化和遗产的四部分系列视频,读者可以在旧金山公共图书馆的YouTube频道上观看或者订购DVD。这四部分内容包括:

聋人遗产:聋人演讲者通过讲述美国手语如何发展的故事并讨论共享语言、经验和价值观的重要性,为了解美国聋人社区的历史奠定了基础。

聋人民俗:解释了美国手语中的传统笑话和故事,揭示了美国聋人的智慧、价值观、道德和文化。

聋人文学:聋人艺术家提供了美国手语诗歌的例子,讨论了为聋人观众创作的戏剧、戏剧表演和电视节目的质量,并解释了用美国手语创作的文学作品与翻译成美国手语的英语文学有何不同。

聋人少数群体:分享了他们作为聋人社区中少数族裔社区成员的个人经历。[66]

聋人服务中心开放时间内还提供可视电话。[67]

3. 哥伦比亚特区公共图书馆(the District of Columbia Public Library)无障碍服务

哥伦比亚特区公共图书馆为聋人社区提供的服务始于1974年。这一年哥伦比亚特区公共图书馆开设了第一堂美国手语课,由两名聋人工作人员教授。这两名聋人工作人员于1976年成为哥伦比亚特区公共图书馆面向聋人社区服务的馆员。

截至2017年3月,哥伦比亚特区公共图书馆为残障读者提供的服务有:

(1) 人·动物·爱活动。治疗犬和孩子们在马丁·路德·金纪念图书馆参与"美国手语故事时间"活动并一起互动。

(2) 由志愿者团队授课的美国手语课程。

(3) 美国手语的读书俱乐部。

(4) 社区外展服务(尤其是老年中心)。

(5) 美国手语口译员服务。

(6) 聋人和听力障碍读者的公共可视电话。

(7) 根据要求尽可能为节目添加字幕。

(8) 辅助听力系统——会议室感应回路系统。

(9) 在图书馆借阅使用个人助听器,可供每个图书馆的听力障碍读者使用,也适用于一些小型会议。

(10) 聋盲人触觉美国手语口译。

(11) 所有购买的DVD都必须有隐藏式字幕。

(12) 在咨询台提供纸和钢笔或铅笔,便于听障读者与馆员沟通。

(13) 可视电话/视频中继服务:两个聋人或听力障碍用户之间的双向直接使用美国手语通信,听力正常人和聋人用户可以通过视频中继服务相互通信。这是一项对听障读者的免费服务。资金来自联邦通信委员会,这是一个美国政府机构,每次使用服务时都会向可视电话公司付款。

哥伦比亚特区公共图书馆还与众多组织建立合作关系,这些组织包括亚历山大·格雷厄姆·贝尔聋哑人协会（Alexander Graham Bell Association for the Deaf and Hard of Hearing）、华盛顿特区聋人协会（DC Association of the Deaf）、聋人行动图书馆之友（Friends of Libraries for Deaf Action）、加劳德特大学（Gallaudet University）、美国听力损失协会（Hearing Loss Association of America）、美国国会图书馆（Library of Congress）、全国聋人协会（National Association of the Deaf）、"人·动物·爱"组织（People Animals Love）等。这些合作伙伴帮助哥伦比亚特区公共图书馆展示以上项目，并向所在社区推广哥伦比亚特区公共图书馆的项目。[68]

4. 温哥华公共图书馆（Vancouver Public Library）无障碍服务

温哥华公共图书馆为视障读者、听障读者、肢残读者、阅读障碍读者提供服务。[69]听障读者可以在所有服务点咨询图书馆馆员使用助听器，佩戴T型线圈助听器的读者可以听到与图书馆工作人员的放大对话，没有兼容助听器的人可以使用连接到设备的外置耳机。

温哥华公共图书馆的17个服务地点配备可调节电脑桌，有间隙可以容纳轮椅和其他移动设备。[70]温哥华公共图书馆的6个服务地点安装了通过语音控制计算机的软件，帮助行动不便的人，能够使用免提麦克风而不是计算机键盘。所有服务地点都配备带键盘锁的键盘和触摸板鼠标。钥匙锁是一种刚性板，在按键上带有孔，以减少意外按压的机会，可以帮助手部疲劳或精细运动技能困难的人使用。触摸板鼠标的操作方法是用手指在表面上滑动，然后通过轻轻敲击表面进行单击。

温哥华公共图书馆所有服务地点的公共计算机上都安装了专为阅读障碍者设计的字体。字体具有加权底部，以帮助指示文本的方向。在使用Microsoft Office程序（如Word和Excel）时，在字体选项下拉菜单中选择即可使用。[71]

（二）大洋洲地区

1. 悉尼公共图书馆无障碍服务

悉尼公共图书馆为悉尼市残障读者提供服务，包括免费送书和取书。残障读者可以在线申请或通过电话、电子邮件或到任意分馆申请。需要提供姓名、地址和电话号码，以及根据需要提供医疗证明。家庭图书馆可以交付的物品包括书籍、有声读物、杂志、CD、DVD。悉尼公共图书馆的家庭图书馆团队还可以根据读者的喜好和具体要求选择文献。或者，读者可以在线自选要借用的图书馆目录。残障读者还可以访问图书馆的全部数字资源,包括电子书、电子有声读物、电子杂志、电子报纸、流媒体音乐和电影。一旦读者的申请获得批准,图书馆将与读者联系,讨论想要借用的资源类型。[72]

(三)亚洲地区

1. (中国台湾地区)新北市立图书馆无障碍服务

新北市立图书馆由一个总馆和108个分馆组成[73],其中总馆和67间分馆有无障碍电梯,总馆和20间分馆有视听室。[74]

新北市立图书馆针对小学一至六年级的学生,提供"幸福阅读学习相伴"课后陪读服务。服务时间是寒、暑假下午2:00—5:00,服务内容主要包括免费课业陪读和阅读指导。包括有身心障碍的孩子在内的弱势学童可在平日上班时间(08:00—17:00)来电询问或预约报名,一般学童仅能现场报名。该服务优先受理包括有身心障碍的孩子在内的弱势学童。新北市立图书馆还提供弱势学童幸福餐券,满足一定阅读时长并携带相关证件领取,这是由于他们在接受服务时无法及时食用晚餐提供的一种辅助服务。弱势学童幸福餐券是全家便利商店80元(新台币)礼券,学童领取后需自行至邻近全家便利商店兑换餐点,于便利商店食用完毕后再回馆内继续阅读,或直接返家。[75]

新北市立图书馆还招募爱心志愿者,提供残疾人咨询和引导服务、读报服务、陪同行动服务和手语服务。[76]

2. (中国香港地区)香港公共图书馆无障碍服务

中国香港公共图书馆为视障读者、听障读者、肢残读者提供服务。香港中央图书馆是香港公共图书馆体系中面积最大、馆藏数量最多的公共图书馆,2001年香港中央图书馆正式对外开放。当时,香港中央图书馆已经设有残疾人专用停车位、低位借还书柜台、宽间距书架、可升降阅读桌和无障碍主任职位。低位借还图书柜台边缘处还专设了两个便于残疾人放拐杖的凹槽。香港中央图书馆在礼堂配置了导听系统,帮助佩戴助听器的聋人读者也能够听到礼堂的讲座会议。[77]最迟至2018年,包括香港中央图书馆在内的香港公共图书馆都安装了辅助听力的感应回路系统。在活动展演空间如演艺厅和简报室等地,只要在国际听障专用标志附近的座位,打开助听器的"T"功能,就可以听到讲座、会议内容。

中国香港特区政府提倡"伤健共融"理念,在中国香港公共图书馆网站将残疾人服务融入儿童、青少年、成人三类服务对象中。[78] 2024年,中国香港公共图书馆提供以下无障碍设施：自动门、可发出视听信号的紧急警报系统、无障碍厕所、无障碍电梯、低台面服务柜位、辅助听力的感应回路系统、直立式自助借书机、座台式自助服务机、无障碍电脑设施以及无障碍主任。[79]

3. 首尔市立图书馆（Seoul Metropolitan Library）无障碍服务

首尔市立图书馆为视障读者、听障读者、肢残读者提供服务。首尔市立图书馆拥有手语影像室服务空间，配备手语影像资料、助听器，并提供残疾人在线咨询服务。首尔市立图书馆的残疾人资料室设有高低可调式阅读桌[80]、轮椅充电器[81]。

4. 东京都立图书馆（Tokyo Metropolitan Library）无障碍服务

东京都立图书馆为视障读者、听障读者、肢残读者提供服务。东京都立图书馆由中央图书馆和多摩图书馆两个图书馆组成，是日本最大的公共图书馆之一。[82]对于残疾人，一楼入口处的用户接待处可以申请使用轮椅。中央图书馆和多摩图书馆都设有两个无障碍停车位。中央图书馆在三楼设有造口厕所，每层都有轮椅无障碍厕所。多摩图书馆在入口大厅和阅读区都设有多功能厕所。[83]

参考服务是回应图书馆用户的咨询，并为他们提供必要的资料和信息。如果读者担心"找不到要找的书"或"不知道从哪里开始"，可以使用它。对于听力和言语障碍人士，图书馆可以通过传真或电子邮件回答问题。在东京生活、工作或上学的任何人都可以使用电子邮件参考服务。传真服务仅限于在东京生活、工作或通勤上学并提前注册的人，图书馆还提供了预注册咨询传真。[84]

5. 大阪府立中央图书馆（Osaka Prefectural Central Library）无障碍服务

1992年，大阪府成为日本第一个颁布"大阪府福利城镇发展条例"的城市。大阪府中央图书馆于1996年5月10日开馆，是大阪府第一个受该条例约束的大型设施，其建设目的是创建一座对残疾人友好的建筑。[85]

大阪府立图书馆分为中央图书馆和中之岛图书馆。中央图书馆为听力和言语障碍人士提供的服务有：在图书馆内通过书面或手语随时与读者联系，从周二到周六上午10:15至下午4:45，提供手语翻译服务；每层楼面柜台设置助听器可询问借用；所有柜台上方安装电子公告板，为听不到语音指导的人士提供通知和指导；紧急情况下，激活天花板疏散出口引导灯。中央图书馆在地下停车场设有无障碍停车位，残障读者在一楼入口接待处出示身体残疾证明后可以免费停车。[86]

大阪府立中央图书馆是一家综合性图书馆,也是对残疾人友好的图书馆。[87]大阪府立中央图书馆还为听力和言语障碍者提供传真服务。传真服务指图书馆书籍可以通过传真索取,准备好后,图书馆将通过传真通知读者。如果读者想借阅任何图书或杂志,图书馆将通过传真回答有关咨询。居住在大阪府或附近县(兵库县、京都府、奈良县、滋贺县、和歌山县、三重县)并因听力障碍或言语障碍而说话困难的持有残疾证者都可申请使用这项服务。[88]

大阪府立中央图书馆认为,台阶限制了所有读者的活动,不仅仅是肢体残障读者,因此,旨在建设一个没有台阶的图书馆。大阪府立中央图书馆一楼的地板比地面高出约1米,以防止积水。前院依靠缓坡消除落差,没有楼梯等台阶。图书馆内部没有台阶,使用带语音引导的电梯上下移动。特殊展览区、团体阅读区和咖啡厅的地面降低了约30厘米,设置了斜坡和带扶手的楼梯便于轮椅和使用拐杖的读者通行。

大阪府立中央图书馆从地下二楼至四楼,每层楼都设置了无障碍厕所。一楼在两个阅览室内和大厅里共安装了3个无障碍厕所。所有的无障碍厕所都安装了感应冲水系统、自动水龙头系统、辅助扶手和紧急呼叫装置。紧急呼叫装置可以在紧急情况下通知最近的柜台。

大阪府立中央图书馆的一楼入口大厅处设有感官平静空间,是发育障碍、智力残疾、精神残疾等人士阻挡外界声音和视线,平心静心、防止恐慌的空间。

大阪府立中央图书馆所有柜台高度是71厘米,柜台正面留有一个35厘米的切口,以便馆员与轮椅使用者正面对话。为了适应柜台功能的未来变化,柜台的多个区域都预留了缺口。二楼的实验室还设有可升降的阅读桌。在每层楼的柜台上都有通信板、写字板等,柜台上还安装了手杖架。书架之间间距在1.8至2米之间,以便大型电动轮椅可以舒适地通过。书架的高度也尽可能低一些。在大厅的观众席上,为了使用轮椅的残障读者,去掉了6个普通座位,留出4个轮椅座位的空间。[89]

6. 榜鹅区域图书馆(Punggol Regional Library)无障碍服务

榜鹅区域图书馆一楼设有图管局的首个玩具图书馆。为了给予特需者就业培训机会,图管局让新加坡智障人士福利促进会旗下芬微园学校的学生,每周帮忙打理玩具图书馆一次,并协助访客使用里面的设施。

榜鹅区域图书馆提供使特需者平复情绪的私人感官平静空间"静心舱",特需者可在灯光柔和的房间放松心情,看护者则可在等候区通过闭路电视进行守护。

在榜鹅区域图书馆,配备友好、平易近人且训练有素的工作人员,可以帮助读者,包括残疾人;还提供无障碍设施,例如无障碍厕所。

图书馆里也设有本地首个自动化借阅通道,配备有超高频无线射频识别技术的智能系统。轮椅使用者拿着要借阅的书籍经过,系统便会识别到。再扫描图书馆应用或会员证,就能完成借阅。

图书馆内的电子服务站也配有辅助科技工具,如较大按键的彩色键盘以及可取代滑鼠的操纵杆。

图管局也在所有图书馆推出无障碍会员资格,供残疾人申请。这些会员的借阅期限将从原本的三周延长至六周,他们也能免费预订图书馆的书本。申请者必须是图书馆会员,且受益于社会及家庭发展部资助的相关计划,或者曾就读或目前正在政府资助的特殊教育学校上学的人。[90]

读者可以在榜鹅地区图书馆寻找标有紫色心形图标的空间,这些空间将优先供残疾人使用。[91]

(四)欧洲地区

1. 曼彻斯特中央图书馆(Manchester Central Library)无障碍服务

曼彻斯特中央图书馆为视障读者、听障读者、肢残读者提供服务,行动不便的读者可以享受免费送书上门服务。[92] 2024 年曼彻斯特英国手语节在该馆(及其他地区)举行。曼彻斯特英国手语节是由曼彻斯特聋人中心和英国手语组织举办的活动,为曼彻斯特城带来一系列免费的手语主题活动,并与一年一度的英国聋人协会会议一起举行。2024 年曼彻斯特中央图书馆第三次成为曼彻斯特英国手语节的举办地。活动时间是 2024 年 4 月 22 日(周一)到 4 月 28 日(周日),持续 7 天。活动内容主要有三项:

第一项是曼彻斯特中央图书馆免费展览"震耳欲聋的真相"。自 2024 年 4 月 1 日开始 6 月 30 日结束,持续 3 个月时间。这个展览是由英国聋人历史协会策划的,通过展示一系列讲述聋人文化故事的物品,来突出聋人社区的遗产和历史。展览面向所有人免费开放。其中比较有意思的展品包括手语主题的杯子和皇家国家聋人研究所聋哑父亲发明的早期双向婴儿警报器等。

第二项是在曼彻斯特中央图书馆开展的免费课程——英国手语组织讲故

事。举办时间是4月23日(周二)上午11点和4月25日(周四)上午11点。由经验丰富的英国手语讲故事人以视觉方式呈现的流行儿童故事。在这个互动环节中,将提供英语配音。所有儿童及他们的家长均可免费参加。

第三项是在曼彻斯特中央图书馆免费推出英国手语组织的课程。活动时间4月25日周四上午9点至12点30分。想学习英国手语课程的读者,可以通过发送电子邮件预定课程。[93]

2. 伯明翰图书馆(The Library of Birmingham)无障碍服务

伯明翰图书馆为视障读者、听障读者、肢残读者提供服务,也为轮椅使用者等肢体残障读者提供便利服务。伯明翰图书馆设有两个无障碍停车位,通往图书馆的前门和后门拥有平层入口,轮椅可通过服务接待处的旋转门进入。图书馆的大部分门可以通过自动按钮或传感器打开,所有需要手动开的门均符合开门阻力参数。图书馆升降电梯拥有后视镜,可用于轮椅倒车。演播室剧场有前排座椅和可拆卸座椅,可供轮椅通行,圆形剧场在扶手前的露台上设有轮椅观赏台。[94]

伯明翰图书馆为听力障碍读者提供感应回路系统,佩戴助听器的读者可在所有工作人员的问讯处和工作室剧院使用,会议室设有红外线听力增强系统。[95]

3. 巴塞罗那图书馆无障碍服务

巴塞罗那图书馆以联盟的形式开展服务,这一联盟包含了40家图书馆。[96]

巴塞罗那图书馆为视障读者、听障读者、肢残读者提供服务,为任何文化或培训项目活动提供手语翻译服务,听障人士和任何感兴趣的人都可以申请。磁环是一种发射系统,可让声音直接到达使用它的听力障碍者的听力假体。联盟中的18家图书馆提供此项服务。

巴塞罗那图书馆还提供纪录片集,包含加泰罗尼亚语和西班牙语的两种语言的手语故事,以及聋人字幕电影。[97]

4. 都柏林市图书馆(Dublin City Libraries)无障碍服务

都柏林市图书馆由22家图书馆组成,[98]所有的图书馆都配备了助听器。[99]中央图书馆等3家图书馆提供魔术桌。魔术桌是荷兰的一项屡获殊荣的创新,它使用专门设计的技术来帮助中晚期痴呆患者以及有学习障碍的成年人。它由一系列色彩缤纷、有趣的互动灯光游戏组成,这些游戏投射到桌子表面,对手和手臂的运动做出反应,刺激身体和认知活动,并鼓励社交互动。通过发送电子邮件，可以为个人或一次最多六人的团体进行预订。照顾者、助理、家庭成员等应与个人或团体一起参加。[100]

包括中央图书馆在内的 5 家图书馆提供采用辅助技术的杂志和阅读笔。采用辅助技术的杂志是一本月刊，旨在使阅读障碍、视力障碍和阅读困难的 7—11 岁儿童受益。每本月刊都包含词汇学习内容。这是通过一系列粗体字来实现的。当孩子用配套的笔敲击其中一个单词时，就会激活音频。[101]阅读笔可以扫描然后大声朗读文本，旨在促进积极的独立阅读、理解和学习。阅读笔具有内置词典，可以在阅读时访问词典以更好地理解词汇。阅读笔还可以与耳机或扬声器一起使用。[102]

都柏林市图书馆还推出一系列新的感官和辅助资源，供全市分馆使用。该资源旨在为有额外感官需求的儿童和成人提供支持，使他们更容易访问和喜欢图书馆。让孤独症儿童参与感官活动可以帮助刺激大脑、创建神经通路和改善感觉处理系统，还可以提高社交技能，例如沟通和合作。在中央图书馆等 5 家图书馆设有感官小隔间。感官小隔间针对的是患有感觉处理障碍的人。小隔间为儿童和成人提供感官管理节目。节目持续 5 分钟、10 分钟或 15 分钟，由色彩、图像和音乐组成。其中卡布拉图书馆（Cabra Library）的感官舱与其他分馆的感官小隔间不同。它不提供感官管理节目选项，而是为孩子们提供了一个平静和放松的空间。它有一个情绪灯天花板。可以立即更改为喜欢的颜色，还可以通过蓝牙播放音乐，令人平静和放松。读者可以联系图书馆了解更多信息，为自己或家人预订小隔间，儿童必须由成人陪同。

所有的图书馆都有装有感官物品的盒子，可以在馆内使用。感官物品可以帮助减轻压力和焦虑，它们可以帮助使用者集中注意力、平稳情绪和学习倾听。由于这些物品很小，并且鼓励大量触摸，因此图书馆要求儿童在陪同成人的监督下使用感官物品。这些物品不适合 4 岁以下的儿童使用。成人须确保儿童不会将物品放入口中。离开前将盒子归还给图书馆工作人员。都柏林市图书馆提供的感官玩具系列包括小豆袋、护耳器、迷你光纤灯、香薰球、手部按摩器、易于抓握的球、扭紧块、螺旋钥匙环、章鱼推扣、软泥管、沙漏、速度魔方等。

沃尔金斯敦图书馆（Walkinstown Library）的感官时间是为小学生和他们的父母或照顾者准备的。每周二下午 3:30—4:30，在沃尔金斯敦图书馆的小隔间放松一下，玩魔术桌上的互动游戏，探索充满乐趣和教育意义的感官玩具盒，结识其他家长，并从工作人员那里获得关于适合孩子阅读的书籍方面的建议。

库洛克图书馆(Coolock Library)举办孤独症孩子活动,为患有孤独症和发育障碍的孩子提供在感官友好的环境中与家人和朋友一起玩耍和学习的机会。这一活动周一晚上6点至8点在儿童图书馆举行,无需预订即可参与。

都柏林市图书馆为行动不便和有其他困难的读者提供为参观图书馆做准备的社交故事和虚拟导览。[103]社交故事是分解社会情境并为特定活动提供信息和指导的短篇小说。这些故事和剧本会被定期审查,用作向孤独症儿童传授社交技巧的一种方式。社交故事可用于教授诸如参加生日派对和参加课外运动等概念。有8家图书馆拥有自己的社交故事。[104]5家图书馆提供3D虚拟视频,来展示图书馆提供的感官服务和设施。它们的目标是建立有包容性和无障碍的图书馆服务。图书馆希望这些3D视频能帮助读者浏览图书馆的空间和服务,为他们的参观做好准备。在参观之前熟悉图书馆空间也有助于患有孤独症的人和行动不便的人。可以帮助孤独症儿童的父母和老师一起为他们的访问建立信心。虚拟导览补充了社交故事的现有资源,促进了感官隔间和魔术桌的感官服务。[105]

都柏林市中央图书馆还配备无障碍厕所、护耳器等无障碍设施及物品,可供轮椅通行,并提供与助听器一起使用的感应回路系统。[106]

5. 里昂市立图书馆(Lyon Public Library)无障碍服务

由16个公共图书馆组成里昂市立图书馆网络。[107]里昂市立图书馆承诺改善无障碍环境,为残疾人获得信息、培训和娱乐创造一切有利条件。该馆网站符合W3C发布的标准和规范。[108]

里昂市立图书馆为听力障碍或耳聋的人提供多媒体解决方案,听力障碍或耳聋的人可以通过平板电脑、智能手机、计算机登录图书馆官网中的专门服务界面,点击想要咨询的16家市立图书馆中的任意一家,将咨询和回复的内容免费进行实时转录或翻译成法语手语。此项服务时间为周一下午2:00—5:00、周二至周五上午10:00—下午5:30、周六上午10:00—中午12:30。[109]里昂市立图书馆的16家图书馆中,4家图书馆设有配备磁环的活动室,这4家图书馆举办的所有活动都可供配戴助听器的读者使用。[110]这16家图书馆中有15家可供坐轮椅的读者使用。[111]

6. 图卢兹公共图书馆(Toulouse Public Library)无障碍服务

图卢兹是法国第四大城市[112],拥有19家地区图书馆。图卢兹拥有一个约8 000人的大型聋人社区,图卢兹公共图书馆服务目标是为残疾人提供与图书馆

公众相同的服务水平。对于听障读者,提供的服务有:

(1) 所有为听障人士准备的 DVD 字幕都带有适当的手语图。

(2) 提供关于聋人文化和聋人历史的手语书籍和 DVD。

(3) 推广聋人文化,在图书馆播放致力于聋人文化的报纸或广播内容。

(4) 图书馆内设有一个专为聋人提供的空间。

(5) 提供免费的、有手语和视频翻译的电话亭。该电话亭一年接打电话 1 604 个,共计通话时间 155 小时。

(6) 图卢兹公共图书馆推广无障碍的应用程序,通过无障碍的应用程序促进阅读。在 Ipad 上有无障碍的应用程序名为"带有手语版本的图画书"。

(7) 提供易于阅读的文献,包括不限于:短文、简单词汇、带图片的书籍。

(8) 举办手语文化节目,如以法语和手语双语版本讲故事。

(9) 制作手语书。用手语记录故事,并将 DVD 插入图画书中。目前,图卢兹公共图书馆已将 15 本图画书成功改编为手语书。

(10) 图卢兹公共图书馆与为聋人服务的当地团体一起举办手语文化节目,推广节日手语等。

图卢兹公共图书馆还在网站上以手语介绍图书馆服务、将合适的手语图插入图书馆所有的通信支持方式中、与自然历史博物馆和美术馆等形成伙伴关系网络。

图卢兹公共图书馆在实行了以上听障服务后,图书馆和城镇中对聋人的包容性有所改善。为了进一步做好听障读者图书馆服务,图卢兹公共图书馆认为要让聋人参与进来,重要的是向聋人提供手语视觉信息的节目和服务以表明图书馆欢迎聋人群体,同时图卢兹公共图书馆需要聘请一名聋人图书管理员。[113]

7. 科隆市图书馆(Cologne City Library)无障碍服务

中央图书馆的入口区域可供轮椅使用者完全进入。在邻近的地下停车场,有明显的无障碍停车位。[114]科隆市图书馆网站提供无障碍视图功能,包含保存网页、转换字体大小、对比模式、激活蓝色滤镜、夜间模式、阅读网站、选项卡导航、颜色减弱、隐藏图片、字迹清晰、淡出动画、关闭声音、使用较粗的鼠标指针、色滤光片自动化等多种功能和快捷键选择。[115]

8. 哥本哈根图书馆(Copenhagen Libraries)无障碍服务

哥本哈根图书馆是丹麦最大的图书馆体系,由 20 家图书馆组成,其中 1 家主图书馆和19家地方图书馆。[116]

对于有特殊需求或残疾的人,哥本哈根图书馆致力于确保每个人都能访问图书馆。在哥本哈根图书馆,提供不同类型的服务,可以选择图书馆的实体服务,也可以通过电话、电子邮件或网站在家中提供服务。哥本哈根图书馆一直在努力提高图书馆的可访问性,并创造平等的图书馆访问权。工作人员随时准备在开放时间内提供帮助。

哥本哈根图书馆体系的大多数图书馆都设计有充足的空间,可以供使用轮椅、助行器或婴儿车的读者四处走动。但是,一些图书馆位于较旧的建筑中,这使出行变得困难。哥本哈根图书馆会尽量提醒坐轮椅的读者参加活动可能遇到的困难情况。根据读者需要,为坐轮椅的读者腾出空间。如果读者对活动有疑问或需要帮助,活动现场总会有联系人,或者可以联系在线图书馆。[117]

哥本哈根图书馆尝试为所有人提供网站访问权限。图书馆网站上显示"人人享有服务"程序下载链接。读者可以在线免费下载并在自己的电脑上安装该程序。如果读者在阅读和拼写方面有困难,或之后遇到难以阅读的文本时,只需打开程序,选择文本,就可以由程序将被选文本大声朗读出来。

阅读障碍和阅读能力弱的读者可以使用"人人享有服务",但盲人和视力障碍者则不能使用,因为他们无法标记作为大声朗读某些内容的文本。这通常需要使用更高级的辅助工具进行导航和阅读。[118]

9. 马里博尔公共图书馆(Maribor Public Library)无障碍服务

马里博尔是斯洛文尼亚共和国的第二大城市,拥有约113 800名居民。马里博尔公共图书馆由22家图书馆分馆(马里博尔市中心的主图书馆、马里博尔各区、郊区和乡村的图书馆)和一个有47个站点的移动图书馆组成。马里博尔公共图书馆也是东施蒂利亚州(斯洛文尼亚东北部)的中央地区图书馆。马里博尔公共图书馆的潜在用户是12个城市的居民,总共约182 000人。[119]

马里博尔公共图书馆为听力障碍者提供服务拥有悠久的历史。自20世纪80年代以来,马里博尔公共图书馆开始与斯洛文尼亚马里博尔听力和言语中心合作,并将听力障碍的学龄前儿童和普通学龄前儿童一样,平等纳入图书馆计划。

2009年马里博尔公共图书馆有特殊需求用户工作小组成立。马里博尔公共图书馆所有部门将对有特殊需求者的照顾和支持纳入其服务任务中,并在机构登记册中加入图书馆环境分析。

2011年马里博尔公共图书馆加强图书馆工作人员培训,与各个协会共同安排了课程和工作坊活动,内容包括听力障碍、聋人的权利、聋人协会组织、与聋人的沟通方式、手语基础知识等。培训一共2次,一次4小时。参与培训的人员包括手语翻译、分为4组的60名图书馆员和听障人士。培训后听障人士和图书馆馆员共同确定了合作形式,以及让听力障碍者使用图书馆服务的方式。

2019年马里博尔公共图书馆为听力障碍者提供的服务包括:图书馆阅读小组,在马里博尔公共图书馆日将内容同声传译为手语,儿童和成人讲故事的工作坊活动以及邀请听障艺术家在图书馆表演等。

马里博尔公共图书馆也参与聋人联合推广活动。如在文化集市上联合介绍图书馆为听障人士举办的活动、在《我们的声音》杂志上发表文章推广图书馆活动、在残疾人理事会门户网站上发表推文、参与录制电视节目《听沉默》以及在"残疾人进入图书馆"圆桌会议等专业会议上联合介绍聋人和听力障碍者融入项目。[120]

三 中国港台地区及国外公共图书馆无障碍服务情况分析

本次被调研的公共图书馆共20家,其中,19家是城市公共图书馆,1家是区域图书馆。基于20家公共图书馆官网和国际图联(IFLA)官网可获取的数据、艾博思科(EBSCO)数据库和中国知网(CNKI)数据库的相关文献,对中国港台地区及国外公共图书馆无障碍服务情况进行分析。

(一)地域分布情况

在20家被调研的公共图书馆中,位于欧洲的有9家,占比45.00%;位于亚洲的有6家,占比30.00%;位于美洲的有4家,占比20.00%;位于大洋洲的有1家,占比5.00%。(图3.6)

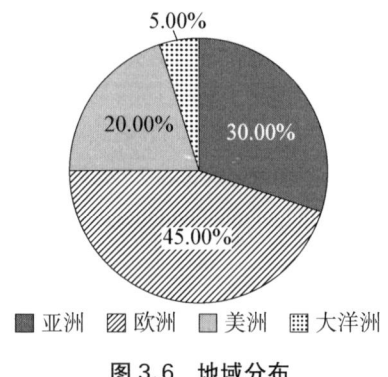

图3.6 地域分布

(二)无障碍设施情况

基于20家公共图书馆网站可获取的数据及相关文献资料,在20家被调研的公共图书馆中,3家公共图书馆配备感官平静空间,占比15.00%;8家公共图书馆配备导听或辅助听力的感应回路系统,占比40.00%;7家公共图书馆配备助听器,占比35.00%;5家公共图书馆配备可升降或不同高度的阅读桌,占比25.00%;2家公共图书馆配备低位服务台,占比10.00%;5家公共图书馆配备无障碍厕所,占比25.00%;5家公共图书馆配备无障碍停车位,占比25.00%;5家公共图书馆配备无障碍电梯,占比25.00%。(图3.7)

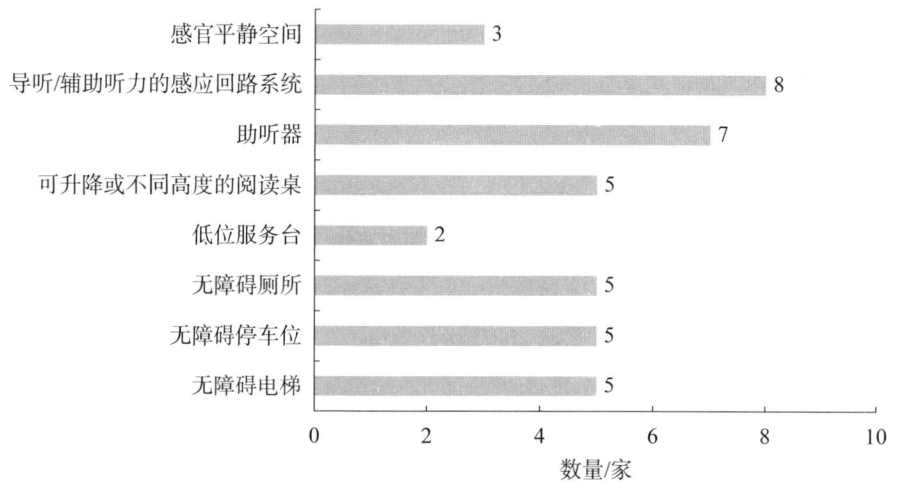

图3.7　无障碍设施情况

(三) 服务残障读者情况

基于20家公共图书馆网站可获取的数据及相关文献资料,在20家被调研的公共图书馆中,有19家公共图书馆为听障读者提供服务,占95.00%;有19家公共图书馆为肢残读者提供服务,占95.00%;有5家公共图书馆为阅读或学习障碍读者提供服务,占25.00%;有7家公共图书馆为其他残障读者提供服务,占35.00%。(图3.8)

(四) 网站无障碍情况

基于20家公共图书馆网站可获取的数据及相关文献资料,在20家被调研的公共图书馆中,有17家公共图书馆网站提供Web可访问性信息,占比85.00%;1家公共图书馆网站无法访问,占比5.00%;2家公共图书馆网站未提供Web可访问性信息,占比10.00%。(图3.9)

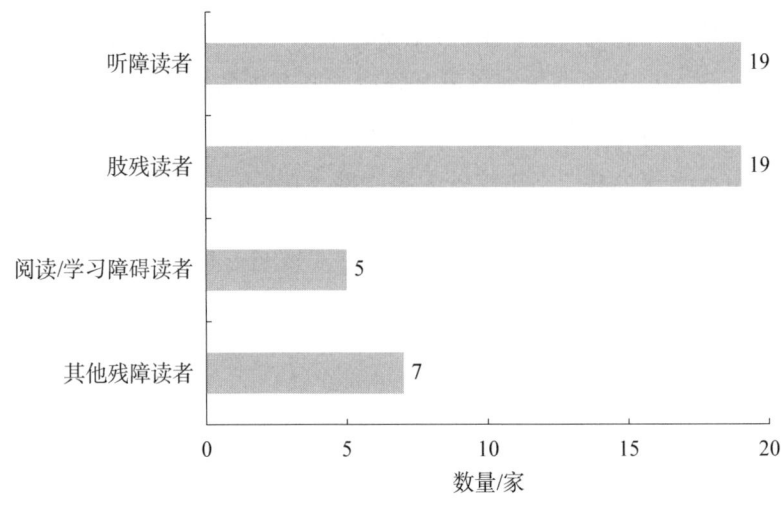

图 3.8　服务残障读者情况

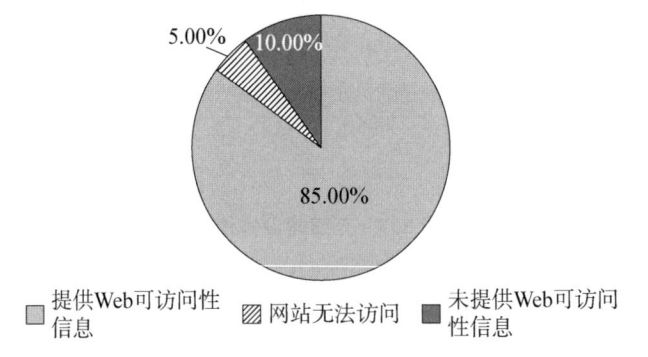

图 3.9　网站无障碍情况

在 17 家提供 Web 可访问性信息的公共图书馆中,15 家公共图书馆提供网站可访问性标准,占比 88.23%;2 家公共图书馆未提供 Web 可访问性标准,占比 11.76%。这 2 家未提供 Web 可访问性标准的公共图书馆是科隆市图书馆和新北市立图书馆。科隆市图书馆网站提供无障碍视图功能,包含保存网页、转换字体大小、对比模式、激活蓝色滤镜、夜间模式、阅读网站、选项卡导航、颜色减弱、隐藏图片、字迹清晰、淡出动画、关闭声音、使用较粗的鼠标指针、色滤光片自动化等多种功能和快捷键选择。新北市立图书馆提供深色模式和放大字体功能。

在 15 家提供网站可访问性标准的公共图书馆中,4 家公共图书馆符合

WCAG 2.1 标准、2 家公共图书馆符合 WCAG 2.0 标准、2 家公共图书馆部分符合 WCAG 2.1 标准、1 家公共图书馆部分符合 WCAG 2.2 标准、2 家公共图书馆符合或部分符合 W3C 发布的标准(这 2 家公共图书馆未说明符合的 WCAG 情况)、4 家公共图书馆符合其他标准。其中,日本的 2 家公共图书馆东京都立图书馆和大阪府立中央图书馆符合日本工业标准 JISX 8341—3:2016《老年人和残疾人指南——信息和通信设备、软件和服务——第 3 部分:Web 内容》"AA"级别。马里博尔公共图书馆符合《网站和移动应用程序可访问性法》(斯洛文尼亚共和国官方公报,第 30/18 号)。哥本哈根图书馆符合欧盟的《公共机构网站和移动应用程序无障碍法》。(图 3.10)

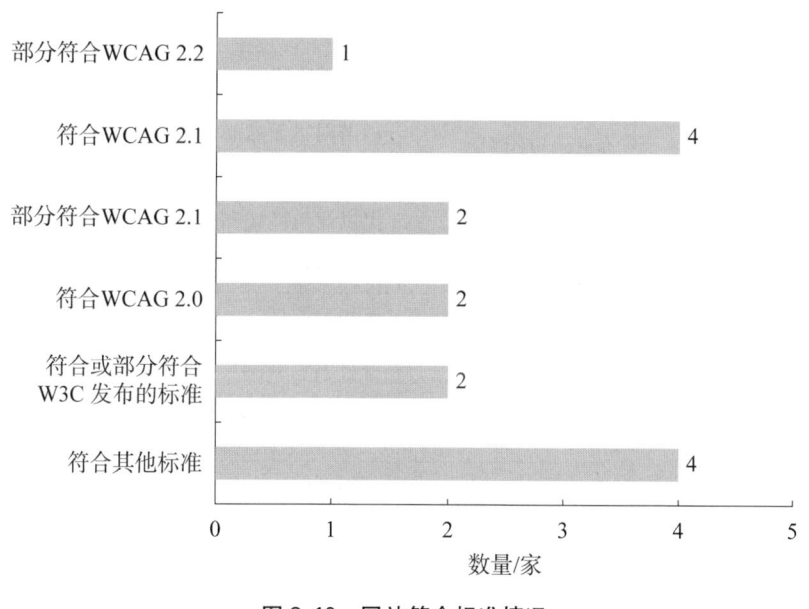

图 3.10　网站符合标准情况

基于 20 家公共图书馆网站可获取的数据及相关文献资料,在 20 家被调研的公共图书馆中,美洲地区的 4 家公共图书馆中,4 家公共图书馆采用 W3C 发布的标准,占比 100%。大洋洲地区的 1 家公共图书馆采用 W3C 发布的标准,占比 100%。亚洲地区的 6 家公共图书馆中,1 家公共图书馆采用 W3C 发布的标准,占比 16.67%。欧洲地区的 9 家公共图书馆中,5 家公共图书馆采用 W3C 发布的标准,占比 55.56%。(表 3.5)

表3.5 各国网站可访问性标准

所属洲	国别	调研图书馆	Web可访问性
欧洲	英国	曼彻斯特中央图书馆	部分符合WCAG 2.1 AA
		伯明翰图书馆	部分符合WCAG 2.1 AA
	斯洛文尼亚	马里博尔公共图书馆	符合《网站和移动应用程序可访问性法》（斯洛文尼亚共和国官方公报，第30/18号）
	西班牙	巴塞罗那图书馆	符合WCAG 2.1 AA
	爱尔兰	都柏林市图书馆	部分符合W3C AA
	法国	图卢兹公共图书馆	无法访问官网
		里昂市立图书馆	里昂市图书馆网站的可访问性门户符合W3C发布的标准和规范
	德国	科隆市图书馆	提供无障碍视图多项功能和快捷键
	丹麦	哥本哈根图书馆	承诺网站无障碍，参见《公共机构网站和移动应用程序无障碍法》
亚洲	中国	新北市立图书馆	提供深色模式和放大字体
		香港公共图书馆	符合WCAG 2.0 AA
	韩国	首尔市立图书馆	无相关信息
	日本	东京都立图书馆	符合JIS X8341-3:2016《老年人和残疾人指南——信息和通信设备、软件和服务——第3部分:Web内容》"AA"级别
		大阪府立中央图书馆	符合JIS X8341-3:2016《老年人和残疾人指南——信息和通信设备、软件和服务——第3部分:Web内容》"AA"级别
	新加坡	榜鹅区域图书馆	无相关信息
美洲	美国	纽约公共图书馆	符合WCAG 2.0 AA
		旧金山公共图书馆	符合WCAG 2.1 AA
		哥伦比亚特区公共图书馆	符合WCAG 2.1 AA
	加拿大	温哥华公共图书馆	部分符合WCAG 2.2 AA
大洋洲	澳大利亚	悉尼公共图书馆	符合WCAG 2.1

第三节　本章结语

中国港台地区及国外公共图书馆提供视障和无障碍服务有几十年甚至一百多年历史,积累了丰富的经验和视障、无障碍服务案例。本章采用文献调研的方式,对 13 个国家和地区的 17 个城市公共图书馆的视障服务、14 个国家和地区的 20 个城市公共图书馆的无障碍服务内容进行了调研。

在视障服务方面,除提供各类盲文文献、阅读设备外,中国港台地区及国外公共图书馆的视障特色服务还涉及技能培训、环境无障碍、精准化服务、自制盲用资源等。从视障阅读延伸至解决生活日常的阅读难题,从阅读技能培训延伸至信息技能、人际沟通技能的培养。在帮助视障者消除歧视、积极融入社会,落实相关政策方面具有积极意义。

在无障碍服务方面,中国港台地区及国外公共图书馆无障碍服务范围更广,惠及读者群体、人数更多。涉及的残障服务对象有听障群体、肢残群体、精神残疾群体、阅读障碍群体、学习障碍群体、孤独症群体、发育障碍群体、感官障碍群体等。

可以看到,中国港台地区及国外公共图书馆提供的视障和无障碍服务已经走向一个新阶段,在一定程度上突破了阅读的局限。中国内地(大陆)公共图书馆应积极学习这些优秀案例,遵循中国港台地区及国外公共图书馆无障碍服务有益的发展方向,共同推动国家和地方相关无障碍政策的落细落实,推动残疾人平等地享受社会文明发展成果。

本章参考文献

[1] New York Public Library. About The New York Public Library [EB/OL]. [2024-01-26]. https://www.nypl.org/help/about-nypl.

[2] New York Public Library. Accessibility at NYPL [EB/OL]. [2024-01-26]. https://www.nypl.org/accessibility.

[3] New York Public Library. Frequently Asked Questions [EB/OL]. [2024-01-31]. https://www.nypl.org/about/locations/heiskell/faqs.

[4] New York Public Library. About the Andrew Heiskell Braille and Talking Book Library

[EB/OL]. [2024-01-10]. https://www.nypl.org/about/locations/heiskell.

[5] New York Public Library. For Patrons with Print Disabilities or VisualImpairment [EB/OL]. [2024-01-26]. https://www.nypl.org/accessibility/print-disabilities.

[6] FLEET C. Getting in touch with images [J]. MIT Technology Review. 2023, 126(4): 28-35.

[7] Free Library of Philadelphia. History of the Library [EB/OL]. [2024-03-01]. https://libwww.freelibrary.org/about/history/.

[8] Free Library of Philadelphia. Library of Accessible Media for Pennsylvanians (LAMP) [EB/OL]. [2024-03-01]. https://libwww.freelibrary.org/locations/library-of-accessible-media-for-pennsylvanians-lamp#.

[9] Free Library of Philadelphia. Homebound Services [EB/OL]. [2024-03-20]. https://libwww.freelibrary.org/programs/homebound-services/.

[10] LAMP. All About LAMP [EB/OL]. [2024-03-01]. https://mylamp.org/about/.

[11] LAMP. A History of Library Services for Print-Disabled Pennsylvanians [EB/OL]. [2024-03-01]. https://mylamp.org/history/.

[12] Free Library of Philadelphia. Programs & Services [EB/OL]. [2024-03-01]. https://libwww.freelibrary.org/programs/.

[13] Vancouver Public Library. About the Library [EB/OL]. [2024-01-26]. https://www.vpl.ca/about.

[14] Vancouver Public Library. Accessibility Equipment [EB/OL]. [2024-01-26]. https://www.vpl.ca/accessibility-at-the-library/equipment.

[15] Vancouver Public Library. Accessible Collections [EB/OL]. [2024-01-31]. https://www.vpl.ca/accessibility-at-the-library/collections.

[16] Vancouver Public Library. Web Accessibility [EB/OL]. [2024-01-26]. https://www.vpl.ca/web-accessibility.

[17] Vancouver Public Library. Accessible Services [EB/OL]. [2024-01-18]. https://www.vpl.ca/accessible-services.

[18] Vancouver Public Library. Home Delivery and Book Deposits [EB/OL]. [2024-01-18]. https://www.vpl.ca/homedelivery.

[19] Vancouver Public Library. Accessible Resources [EB/OL]. [2024-01-18]. https://www.vpl.ca/accessible-resources.

[20] City of Sydney. Libraries [EB/OL]. [2024-01-31]. https://www.cityofsydney.nsw.gov.au/libraries.

[21] City of Sydney. Request the home library service [EB/OL]. [2024-01-27]. https://www.cityofsydney.nsw.gov.au/library-information-services/request-home-library-service.

[22] State Library of New South Wales. Large print and talking books in English [EB/OL].

(2023-08-28)[2024-01-26]. https://www.sl.nsw.gov.au/public-library-services/services/multicultural-services-public-libraries/bulk-loan-service/large.

[23] 王世伟. 国际大都市图书馆服务体系述略[M]. 上海：上海人民出版社, 2013: 52, 68.

[24] 启明分馆. 设立沿革[EB/OL]. (2023-01-01)[2024-01-10]. https://blind.tpml.edu.tw/TaipeiLib/wSite/ct? xItem=64089&ctNode=337.

[25] 启明分馆. 服务项目[EB/OL]. (2023-01-01)[2024-01-10]. https://blind.tpml.edu.tw/TaipeiLib/wSite/ct? xItem=64090&ctNode=338.

[26] 香港公共图书馆. 简介[EB/OL]. (2023-01-19)[2024-02-01]. https://www.hkpl.gov.hk/sc/hkcl/frame/main_frame.html#18.

[27] 香港公共图书馆. 成人借阅图书馆[EB/OL]. (2014-03-30)[2024-02-01]. https://sc.lcsd.gov.hk/TuniS/www.hkpl.gov.hk/tc/about-us/HKCL/services/adult-lending.html.

[28] 香港特别行政区政府. 无障碍统筹经理和无障碍主任的制度[EB/OL]. (2023-05-08)[2024-01-12]. https://www.csd.gov.hk/sc_chi/info/info_aos/info_aos.html.

[29] 文化事业部. 无障碍统筹经理及无障碍主任联络数据[EB/OL]. (2024-01-12)[2024-01-12]. https://www.lcsd.gov.hk/clpss/tc/webApp/ContactAccessDetails.do? csb=LIB&type=csb&value=LIB.

[30] 香港中央图书馆. 无障碍设施[EB/OL]. (2024-02-02)[2024-02-02]. https://www.hkpl.gov.hk/sc/hkcl/service/bfa_facilities.html.

[31] Seoul Metropolitan Library. About the Library[EB/OL]. [2024-01-13]. https://lib.seoul.go.kr/rwww/html/en/instruction.jsp.

[32] 首尔市立图书馆. 使用指南[EB/OL]. [2024-02-02]. https://lib.seoul.go.kr/rwww/html/ch/use.jsp.

[33] 首尔市立图书馆. 图书馆布局介绍[EB/OL]. [2024-01-27]. https://lib.seoul.go.kr/rwww/html/ch/facilities.jsp.

[34] Tokyo Metropolitan Central Library. Tokyo Metropolitan Library[EB/OL]. [2024-02-02]. https://www.library.metro.tokyo.lg.jp/english/.

[35] Tokyo Metropolitan Central Library. Central Library[EB/OL]. [2024-01-13]. https://www.library.metro.tokyo.lg.jp/english/central_library/.

[36] 王薇. 日本公共图书馆的残障文献资源建设实践与启示[J]. 图书馆建设, 2013, (6): 22-25.

[37] 陈婧, 臧可. 日本图书馆残障读者服务——以东京都立中央馆及26个市公立图书馆为例[J]. 国家图书馆学刊, 2015, 24(6): 90-100.

[38] Tokyo Metropolitan Central Library. Floor Guide 3F[EB/OL]. [2024-01-13]. https://www.library.metro.tokyo.lg.jp/english/central_library/floor_guide/3f/.

[39] 王筱雯. 日本公共图书馆为残疾人服务的思考——从大阪府立中央图书馆的残疾人服务谈起[J]. 图书馆学刊, 2002(2): 62-64.

[40] Osaka Prefectural Central Library. Users Guide [EB/OL]. (2021-03-12)[2024-03-01]. https://www.library.pref.osaka.jp/site/central/english.html.

[41] National Library Board. Punggol Regional Library [EB/OL]. [2024-01-13]. https://www.nlb.gov.sg/main/visit-us/our-libraries-and-locations/libraries/punggol-regional-library.

[42] 江苏省.新加坡规模最大榜鹅图书馆投入运作 打造儿童阅读与学习空间[EB/OL]. [2024-02-02]. https://www.sohu.com/a/644502759_371477.

[43] Manchester City Council. Get books at home [EB/OL]. [2024-02-02]. https://www.manchester.gov.uk/info/200062/libraries/5598/get_books_at_home/1.

[44] henshaws. Who we are [EB/OL]. [2024-01-13]. https://www.henshaws.org.uk/about-us/.

[45] henshaws. How we helped last year [EB/OL]. [2024-01-13]. https://www.henshaws.org.uk/.

[46] Manchester City Council. Library services for visually impaired people [EB/OL]. [2024-01-13]. https://www.manchester.gov.uk/info/200062/libraries/7380/library_services_for_visually_impaired_people/2.

[47] Birmingham City Council. Size [EB/OL]. [2024-03-02]. https://www.birmingham.gov.uk/info/50132/visiting_the_library_of_birmingham/1412/about_the_library_of_birmingham/7.

[48] Birmingham City Council. Library of Birmingham access for all [EB/OL]. [2024-03-02]. https://www.birmingham.gov.uk/info/50132/visiting_the_library_of_birmingham/1410/library_of_birmingham_access_for_all.

[49] Birmingham City Council. Visual access [EB/OL]. [2024-03-01]. https://www.birmingham.gov.uk/info/50132/visiting_the_library_of_birmingham/1410/library_of_birmingham_access_for_all/3.

[50] Biblioteques de Barcelona. Opening hours [EB/OL]. [2024-01-17]. https://ajuntament.barcelona.cat/biblioteques/en/content/opening-hours-0.

[51] Biblioteques de Barcelona. Home loan [EB/OL]. [2024-01-30]. https://ajuntament.barcelona.cat/biblioteques/en/canal/pr%C3%A9stec-domicili.

[52] Biblioteques de Barcelona. Accessibility [EB/OL]. [2024-01-16]. https://ajuntament.barcelona.cat/biblioteques/en/canal/accessibilitat-0.

[53] Dublin City Libraries. Find a Library [EB/OL]. [2024-01-17]. https://www.dublincity.ie/residential/libraries/find-library.

[54] Dublin City Libraries. Libraries for Everyone [EB/OL]. [2024-01-17]. https://www.dublincity.ie/residential/libraries/using-your-library/libraries-everyone.

[55] Lyon Public Library. Services for people with disabilities [EB/OL]. [2024-01-17]. https://www.bm-lyon.fr/informations-pratiques/accessibilite/services-adaptes/article/

un-service-de-pret-navette? lang = en.

[56] the Cologne City Library. Hearing Library for the Blind [EB/OL]. [2024 – 01 – 17]. https://www.stadt-koeln.de/leben-in-koeln/stadtbibliothek/blindenhoerbibliothek.

[57] Copenhagen Libraries. Welcome to Copenhagen Libraries [EB/OL]. [2024 – 03 – 02]. https://bibliotek.kk.dk/international.

[58] Copenhagen Libraries. The Sunflower Lanyard [EB/OL]. [2024 – 03 – 02]. https://biblio tek.kk.dk/node/32328.

[59] New York Public Library. For Patrons Who Are Deaf or Hard of Hearing [EB/OL]. [2024 – 05 – 04]. https://www.nypl.org/accessibility/hard-of-hearing.

[60] New York Public Library. For Patrons with Physical Disabilities [EB/OL]. [2024 – 05 – 04]. https://www.nypl.org/accessibility/physical-disabilities.

[61] New York Public Library. For Patrons with Learning, Cognitive, or Developmental Disabilities [EB/OL]. [2024 – 05 – 04]. https://www.nypl.org/accessibility/learning-disabilities.

[62] San Francisco Public Library. Services for People with Limited Mobility [EB/OL]. [2024 – 06 – 18]. https://sfpl.org/services/accessibility-services/services-people-limited-mobility.

[63] San Francisco Public Library. Accessibility Toolkits [EB/OL]. [2024 – 06 – 18]. https://sfpl.org/services/accessibility-services/accessible-technology/accessibility-toolkits.

[64] San Francisco Public Library. Deaf Services Center Resource Files [EB/OL]. [2024 – 06 – 18]. https://sfpl.org/locations/main-library/deaf-services/deaf-services-center-resource-files.

[65] San Francisco Public Library. Deaf Theatre [EB/OL]. [2024 – 06 – 18]. https://sfpl.org/locations/main-library/deaf-services/deaf-theatre.

[66] San Francisco Public Library. American Culture: The Deaf Perspective [EB/OL]. [2024 – 06 – 18]. https://sfpl.org/locations/main-library/deaf-services/american-culture-deaf-perspective.

[67] San Francisco Public Library. Deaf Services Center-1st Floor [EB/OL]. [2024 – 06 – 18]. https://sfpl.org/locations/main-library/deaf-services.

[68] Janice Rosen. Serving the Deaf and Hard of Hearing Communities at the District of Columbia Public Library: An Overview [EB/OL]. (2017 – 03 – 09) [2024 – 05 – 29]. https://cdn.ifla.org/wp-content/uploads/2019/05/assets/lsn/projects/Deaf/washington-2017-rosen.pdf.

[69] Vancouver Public Library. About the Library [EB/OL]. [2024 – 01 – 26]. https://www.vpl.ca/about.

[70] Vancouver Public Library. Accessibility Equipment [EB/OL]. [2024 – 05 – 07]. https://www.vpl.ca/accessibility-at-the-library/equipment.

[71] Vancouver Public Library. Accessibility Software[EB/OL].[2024-05-07]. https://www.vpl.ca/accessibility-at-the-library/software.

[72] City of Sydney. Request the home library service[EB/OL].[2024-05-07]. https://www.cityofsydney.nsw.gov.au/library-information-services/request-home-library-service.

[73] 新北市立图书馆.新北市立图书馆分馆查询[EB/OL].[2024-06-13]. https://www.library.ntpc.gov.tw/branch.

[74] 新北市立图书馆.查询结果[EB/OL].[2024-06-13]. https://www.library.ntpc.gov.tw/branch/libraryBranch/8aa9646575074db0a99c641a5f029ddb.

[75] 新北市立图书馆.【幸福阅读.学习相伴】新北市立图书馆课后陪读服务[EB/OL].(2024-04-24)[2024-06-13]. https://www.library.ntpc.gov.tw/singlehtml/95addbd10d1c4e25ac5738f56edd1901?cntId=4519934a8a6248aca73fc6837a2c1fcc.

[76] 李燕娜.我国港台地区公共图书馆残疾人服务及启示[J].图书馆研究与工作,2019(3):45-50.

[77] 周长兴.处处以人为本关爱弱势群体——香港中央图书馆无障碍设施简介[J].北京规划建设,2002,(5):76-78.

[78] 李燕娜.我国港台地区公共图书馆残疾人服务及启示[J].图书馆研究与工作,2019(3):45-50.

[79] 香港公共图书馆.图书馆无障碍设施[EB/OL].(2024-04-09)[2024-05-15]. https://sc.lcsd.gov.hk/TuniS/www.hkpl.gov.hk/tc/about-us/barrier-free.html.

[80] 首尔市立图书馆.使用指南[EB/OL].[2024-05-15]. https://lib.seoul.go.kr/rwww/html/ch/use.jsp.

[81] 首尔市立图书馆.首尔图书馆使用指南[EB/OL].[2024-05-15]. https://lib.seoul.go.kr/apload/guide/libraryGuide_2024_cn.pdf.

[82] Tokyo Metropolitan Central Library. Tokyo Metropolitan Library[EB/OL].[2024-02-02]. https://www.library.metro.tokyo.lg.jp/english/.

[83] 東京都立図書館.障害のある方へ[EB/OL].[2024-05-16]. https://www.library.metro.tokyo.lg.jp/assist/.

[84] 東京都立図書館.聴覚障害、言語障害がある方へのレファレンス[EB/OL].[2024-05-16]. https://www.library.metro.tokyo.lg.jp/assist/reference/.

[85] 大阪府立図書館.大阪府立中央図書館・バリアフリーの施設・設備[EB/OL].[2024-05-18]. https://www.library.pref.osaka.jp/central/taimen/taimen_shisetsu.html

[86] 大阪府立図書館.聴覚障がいや言語障がいがある方へのサービス[EB/OL].[2024-05-16]. https://www.library.pref.osaka.jp/central/taimen/taimen_cyok.html.

[87] 大阪府立図書館.2つの大阪府立図書館(機能・役割分担)[EB/OL].[2024-05-16]. https://www.library.pref.osaka.jp/site/nakato/aramasi.html.

[88] 大阪府立図書館.大阪府立中央図書館利用案内[EB/OL].[2024-05-18]. https://view.officeapps.live.com/op/view.aspx?src=https%3A%2F%2Fwww.library.pref.

osaka. jp% 2Fcontents% 2Fwp-content% 2Fuploads% 2Fchoukaku. doc&wdOrigin = BROWSELINK.

[89] 大阪府立図書館. 大阪府立中央図書館・バリアフリーの施設・設備[EB/OL]. [2024-05-18]. https://www.library.pref.osaka.jp/central/taimen/taimen_shisetsu.html.

[90] 江苏省.新加坡规模最大榜鹅图书馆投入运作打造儿童阅读与学习空间[EB/OL]. [2024-02-02]. https://www.sohu.com/a/644502759_371477.

[91] National Library Board Singapore. Accessibility Information[EB/OL]. (2023-01-26)[2024-07-22]. https://www.nlb.gov.sg/main/Accessibility.

[92] Manchester City Council. Library services for visually impaired people[EB/OL]. [2024-01-13]. https://www.manchester.gov.uk/info/200062/libraries/7380/library_services_for_visually_impaired_people/2.

[93] Archives+. Manchester British Sign Language Fest 2024 at Central Library (and Beyond)![EB/OL]. (2024-04-22)[2024-05-21]. https://manchesterarchiveplus.wordpress.com/2024/04/22/manchester-british-sign-language-fest-2024-at-central-library-and-beyond/.

[94] Birmingham City Council. Wheelchair and ambulant access[EB/OL]. [2024-05-21]. https://www.birmingham.gov.uk/info/50132/visiting_the_library_of_birmingham/1410/library_of_birmingham_access_for_all/2.

[95] Birmingham City Council. Hearing access[EB/OL]. [2024-05-21]. https://www.birmingham.gov.uk/info/50132/visiting_the_library_of_birmingham/1410/library_of_birmingham_access_for_all/4.

[96] Biblioteques de Barcelona. Opening hours[EB/OL]. [2024-01-17]. https://ajuntament.barcelona.cat/biblioteques/en/content/opening-hours-0.

[97] Biblioteques de Barcelona. Home loan[EB/OL]. [2024-01-30]. https://ajuntament.barcelona.cat/biblioteques/en/canal/pr%C3%A9stec-domicili.

[98] Dublin City Libraries. Find a Library[EB/OL]. [2024-01-17]. https://www.dublincity.ie/residential/libraries/find-library.

[99] Dublin City Libraries. Libraries for Everyone[EB/OL]. [2024-05-21]. https://www.dublincity.ie/residential/libraries/using-your-library/libraries-everyone.

[100] Dublin City Libraries. The Magic Table[EB/OL]. (2023-07-14)[2024-01-17]. https://www.dublincity.ie/library/blog/magic-table.

[101] Dublin City Libraries. The Fact Factory New Magazine for Children[EB/OL]. (2023-01-17)[2024-01-17]. https://www.dublincity.ie/library/blog/fact-factory-new-magazine-children.

[102] Dublin City Libraries. Borrow C-Pen reading pens from our branches[EB/OL]. (2022-05-06)[2024-05-21]. https://www.dublincity.ie/library/blog/borrow-c-

pen-reading-pens-our-branches.

[103] Dublin City Libraries. Sensory Services [EB/OL]. (2023 - 01 - 25)[2024 - 05 - 21]. https://www.dublincity.ie/library/blog/sensory-services.

[104] Dublin City Libraries. Social Stories to Prepare for Library Visit [EB/OL]. (2023 - 05 - 22)[2024 - 05 - 21]. https://www.dublincity.ie/library/blog/teaching-social-skills-children-autism.

[105] Dublin City Libraries. Explore our libraries with a virtual tour [EB/OL]. (2023 - 07 - 28)[2024 - 05 - 21]. https://www.dublincity.ie/library/blog/explore-our-libraries-virtual-tour.

[106] Dublin City Libraries. Central Library [EB/OL]. [2024 - 05 - 21]. https://www.dublincity.ie/residential/libraries/find-library/central-library.

[107] Lyon Public Library. Services for people with disabilities [EB/OL]. [2024 - 01 - 17]. https://www.bm-lyon.fr/informations-pratiques/accessibilite/services-adaptes/article/un-service-de-pret-navette?lang=en.

[108] Bibliothèquemunicipale de Lyon. Accessibilité [EB/OL]. [2024 - 05 - 23]. https://www.bm-lyon.fr/informations-pratiques/accessibilite/.

[109] Bibliothèquemunicipale de Lyon. Appels pour les personnesmalentendantesousourdes via ACCEO [EB/OL]. [2024 - 05 - 23]. https://www.bm-lyon.fr/informations-pratiques/accessibilite/actualite/article/appels-a-la-bibliotheque-municipale-de-lyon-pour-les-personnes-malentendantes-7168.

[110] Bibliothèquemunicipale de Lyon. Public malentendantappareillé [EB/OL]. [2024 - 05 - 23]. https://www.bm-lyon.fr/informations-pratiques/accessibilite/lieux-accessibles/article/public-malentendant-appareille.

[111] Bibliothèquemunicipale de Lyon. Venirenfauteuil [EB/OL]. [2024 - 05 - 23]. https://www.bm-lyon.fr/informations-pratiques/accessibilite/lieux-accessibles/article/l-accessibilite-en-fauteuil.

[112] 百度百科. 图卢兹[EB/OL]. [2024 - 06 - 04]. https://baike.baidu.com/item/%E5%9B%BE%E5%8D%A2%E5%85%B9/1568769?fr=ge_ala.

[113] Marie-Noëlle Andissac. Library services in France for people who are deaf and hard of hearing [EB/OL]. [2024 - 05 - 30]. https://www.ifla.org/wp-content/uploads/2019/05/assets/lsn/projects/Deaf/washington-2017-andissac.pdf.

[114] Stadtbibliothek Köln. Stadtbibliothek Köln [EB/OL]. [2024 - 05 - 23]. https://www.stadt-koeln.de/service/adressen/stadtbibliothek-koeln-1.

[115] Stadtbibliothek Köln. Informationen zum Umzug der Zentralbibliothek [EB/OL]. [2024 - 07 - 25]. https://www.stadt-koeln.de/leben-in-koeln/stadtbibliothek/informationen-zum-umzug-der-zentralbibliothek.

[116] KøbenhavnsBiblioteker. Om bibliotekerne [EB/OL]. [2024 - 05 - 23]. https://

bibliotek. kk. dk/bibliotekerne.

[117] KøbenhavnsBiblioteker. For dig med speciellebehovellerhandicap[EB/OL]. [2024-05-23]. https://bibliotek. kk. dk/for-dig-med-specielle-behov-eller-handicap.

[118] KøbenhavnsBiblioteker. PrøvAdgang for Alle[EB/OL]. [2024-05-23]. https://bibliotek. kk. dk/adgang-for-alle.

[119] Maribor Public Library. Maribor Public Library[EB/OL]. [2024-05-31]. https://knjiznica-mb. si/en/about-us/information.

[120] Dragana Lujić. Services of the Maribor Public Library for the Deaf and Hard of Hearing People[EB/OL]. [2024-05-31]. https://www. ifla. org/wp-content/uploads/2019/05/assets/lsn/conferences/2019/presentation-lujic. pdf.

（丁　乙）

第四章

中国内地（大陆）公共图书馆视障服务及无障碍服务

第一节 中国内地（大陆）公共图书馆视障服务

一、基于中国知网的文献调研，探究中国内地（大陆）视障服务发展之路

本调研在中国知网学术文献总库内，运用高级检索功能，发表时间限定自2000年1月1日起，到2023年12月31日为止，以"图书馆＊视障"OR"图书馆＊盲人"为主题词关键词，进行精准检索，检索出包含学术期刊、学位论文、中国会议论文在内的论文共计927条记录。经过人工查重、仔细筛选，排除部分篇幅较短且论述缺乏深入性的文献，最终得到785条有效记录。

（一）论文发表时间趋势分析

由图4.1可见，2000年至2023年间，对中国内地（大陆）公共图书馆视障服务的相关研究总体呈现上升趋势。2005年以前，内地（大陆）对于视障服务已经开始有所关注，但相关研究较少，年论文发表量在10篇以下。2006年论文发表数量21篇，第一个峰值出现。2011年发文量达到第二个峰值52篇，且继续保持递增态势，于2014年达到历史最高峰值103篇。井喷过后，发文量随着研究热度下降而回落，但年平均发文量依旧保持在50篇以上（2020年除外）。2019年、2021年是图中显示的两波小高峰，年发文量分别达到68篇、73篇。图表中

第四章　中国内地（大陆）公共图书馆视障服务及无障碍服务

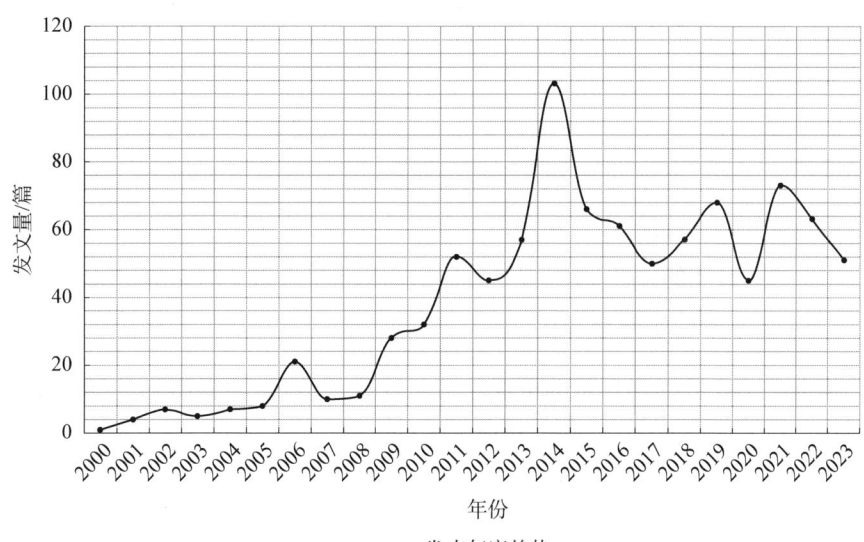

图 4.1　论文发表年度趋势图

论文发表数量的五个峰值大多出现在国际国内图书馆界发生的重要历史事件前后；结合时代背景，可以一窥内地（大陆）公共图书馆视障服务的发展轨迹，以及相关从业人员、学者等对图书馆视障服务研究的进展。

重要事件：

2006 年 3 月，湖南 120 位公共图书馆馆长发布的《湖南公共图书馆共同愿景》[1]中提到："公共图书馆应遵循公开、平等和免费服务的原则，满足社会公众的文献信息需求，全心全意做好读者服务工作。公共图书馆应关注弱势群体和特殊人群的文献信息需求。"[2]

2008 年 10 月 28 日，中国图书馆学会年会正式发布了《图书馆服务宣言》，其中两条与图书馆视障服务息息相关："图书馆向读者提供平等服务。各级各类图书馆共同构成图书馆体系，保障全体社会成员普遍均等地享有图书馆服务。图书馆在服务与管理中体现人文关怀。图书馆致力于消除弱势群体利用图书馆的困难，为全体读者提供人性化、便利化的服务。"从此对视障服务的相关研究开始得到越来越多的关注和重视。

2013 年 6 月 27 日，国际著作权体系中的历史性条约——《马拉喀什条约》，全称《关于为盲人、视力障碍者或其他印刷品阅读障碍者获得已出版作品提供便利的马拉喀什条约》——在马拉喀什签署，于 2016 年 9 月 30 日生效。作为条约的第 85 个缔约方，2022 年 5 月 5 日起该条约对中国生效。这是世界上第一部也是迄今为止唯一一部版权领域的人权条约,它进一步保障了阅读障碍者平等获取文化和教育的权利。

2018年,《中华人民共和国公共图书馆法》施行。第三十三条:"公共图书馆应当按照平等、开放、共享的要求向社会公众提供服务。"第三十四条:"政府设立的公共图书馆应当考虑老年人、残疾人等群体的特点,积极创造条件,提供适合其需要的文献信息、无障碍设施设备和服务等。"以法律条文的形式对公共图书馆视障服务提出了更为具体的硬性要求,并从国家层面给予最大力度的支持和保障。

(二)论文主题关键词分析

借助CNKI数据库自带的可视化分析应用功能,对检索得到的标的记录自动生成主要主题分布图、主题词共现矩阵分析图。(图4.2)

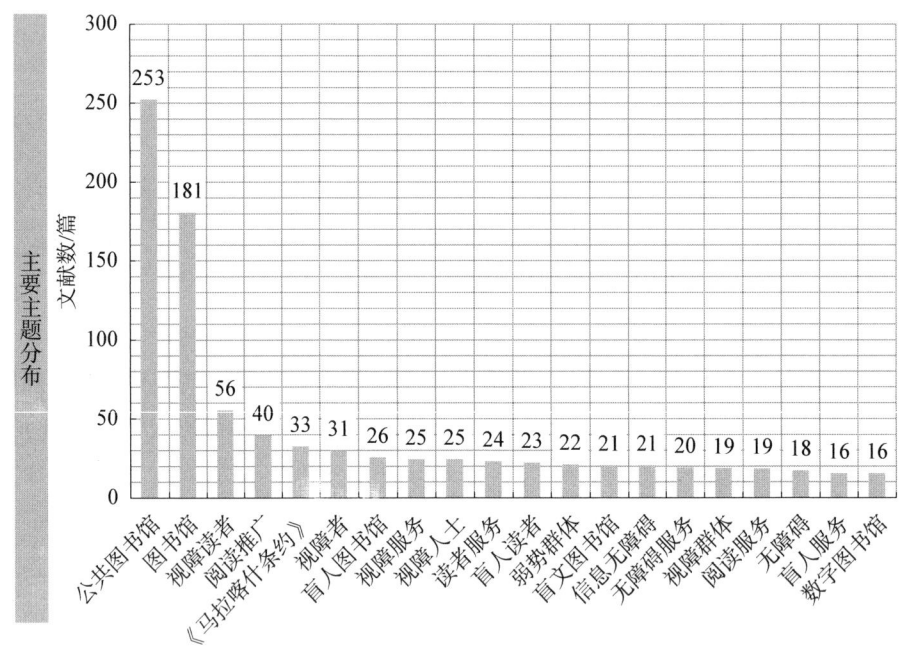

图4.2 主要主题分布图

从主要主题分布图可见,按词频由高到低排名的前20个主题关键词可分类归纳为:图书馆类(包括公共图书馆、图书馆、盲人图书馆、盲文图书馆、数字图书馆)、读者类(包括视障读者、视障者、视障人士、盲人读者、弱势群体、视障群体)、服务类(包括阅读推广、视障服务、读者服务、无障碍服务、阅读服务、盲人服务)、其他类(包括《马拉喀什条约》、信息无障碍、无障碍)。

主题词共现矩阵分析图中,发文量10篇以上的交叉主题词降序排列如下:

无障碍—视障用户 25

无障碍—视障大学生 22

无障碍—读者服务 20

无障碍—浙江图书馆 18

视障大学生—阅读服务 13

视障大学生—残疾人服务 13

无障碍—《马拉喀什条约》12

无障碍—视障群体 11

无障碍—视障人士 11

无障碍—数字图书馆 10

视障大学生—视障用户 10

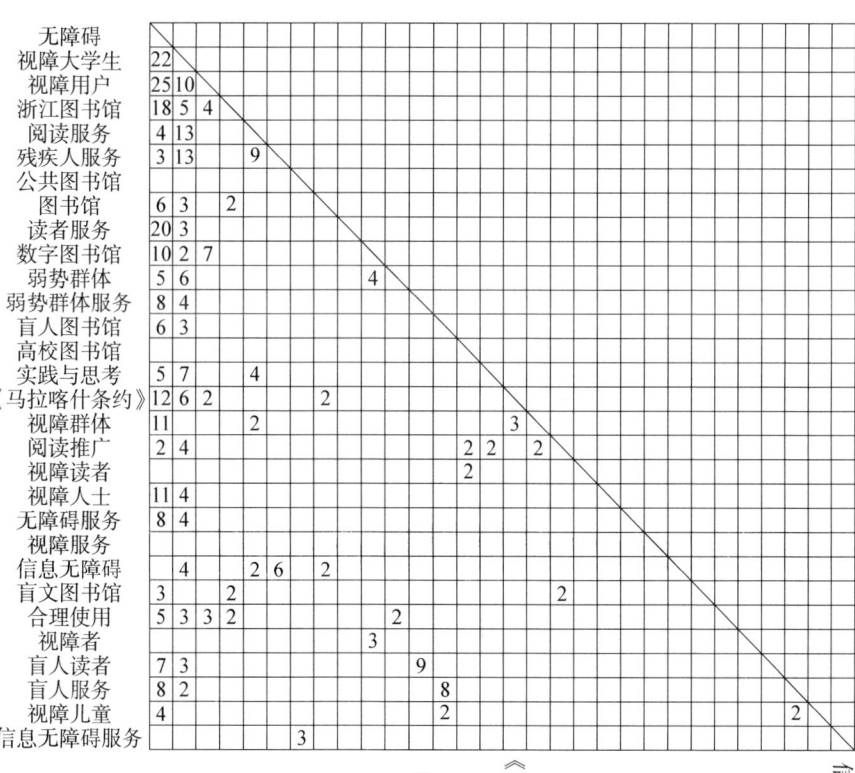

图4.3　主题词共现矩阵分析图

主要主题分布图、主题词共现矩阵分析图两相结合分析,可以发现中国内地(大陆)公共图书馆视障服务相关主题研究的热点,主要集中在视障读者、视障服务、数字图书馆和《马拉喀什条约》。

对视障读者实际情况和阅读需求的了解是关乎图书馆如何有针对性地提供精准、有效服务的基础和关键;相关研究的对象包括但不限于视障儿童、视障大学生等群体,主要研究方向集中在视障读者信息素养、阅读权利。例如,大学图书馆视障群体关怀的实践(以南京市无障碍图书馆为例)[3]、视障儿童无障碍文化服务建设的高质量发展(以中国盲文图书馆盲童阅览室为例)[4]。

随着社会的进步以及各方各级的重视,视障服务不仅是研究热点,更是研究的重点。其研究内容包括介绍国外相关的服务模式和经验,如日本国立国会图书馆残障读者服务的现状及启示[5];开展阅读推广、各类学习培训等服务方式,例如,俄罗斯盲人图书馆阅读推广活动探析[6]、公共图书馆面向残障读者的阅读推广服务研究[7]。

数智时代,相较于传统的线下图书馆纸媒服务,数字图书馆是更现代化、更便捷获取信息的渠道之一。其优点是可以足不出户地快速获取海量信息,对于出行不便的视障群体来说更加安全便捷;其缺点是网络无障碍化建设的不足、视障读者计算机素养的不足甚至缺失所造成的数字鸿沟。但这并不妨碍研究者对其所抱持的期待和展望,如盲人数字图书馆的构建研究[8]、数字图书馆盲人阅读服务思考与研究[9]。

《马拉喀什条约》作为近年来的研究热点,其研究方向包括但不限于对该条约内容的解读,对国外相关研究的概述,例如,从图书馆角度认识《马拉喀什条约》中的"发展条款"[10]、《马拉喀什条约》与图书馆相关的研究概述[11];参照条约在法律层面创新制度以使其进一步本土化,如盲用有声读物适用著作权限制与例外制度研究[12]、《马拉喀什条约》对图书馆无障碍服务的影响与立法建议——兼析《著作权法(修订草案送审稿)》无障碍服务条款[13];对图书馆如何合理应用该条约实施服务举措进行的探索讨论,如《马拉喀什条约》视角下内地(大陆)公共图书馆数字有声读物无障碍服务的完善路径[14]、公共图书馆视障数字阅读服务探索——基于《马拉喀什条约》实施的视角[15]。总体而言,相关研究尚处于起步阶段,主要停留在理论研究,缺乏实践案例。

二 中国内地（大陆）部分公共图书馆问卷调查视障服务情况

本次调研的问卷分为四个部分,第一部分为公共图书馆基本情况,包括图书馆所属级别、建馆时间、经费情况等;第二部分为公共图书馆盲用馆藏资源及设备情况,包括无障碍设备情况、盲用馆藏文献资源情况、自建(制)的盲用资源等;第三部分为公共图书馆视障服务情况,包括服务方式、借阅情况、活动开展等;第四部分为公共图书馆无障碍服务情况,包括无障碍设施情况、服务类型、服务人群等,问卷详见附录《公共图书馆无障碍服务问卷调查》,其中公共图书馆地区分布情况未设置在问卷调查中,为后期调研人员根据调研分析情况和地理常识进行划分。问卷于2023年12月向中国内地(大陆)多家公共图书馆进行线上发放,回收问卷58份,其中回收有效问卷56份,问卷的有效率约为96.55%。

（一）公共图书馆所属级别情况

在56家接受调研的公共图书馆中,有省级公共图书馆24家,占总数的42.86%;副省级公共图书馆5家,占总数的8.93%;市级公共图书馆24家,占总数的42.86%;地县级公共图书馆3家,占总数的5.36%。(图4.4)

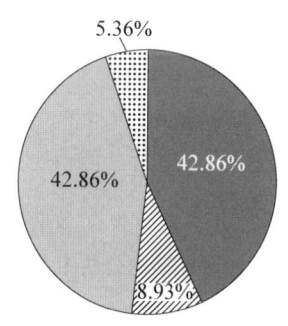

图4.4 接受调研的公共图书馆所属级别占比

（二）公共图书馆地区分布情况

在56家接受调研的公共图书馆中,位于华东地区的有17家,占总数的30.36%;位于华南地区的有7家,占总数的12.5%;位于华北地区的有7家,占总数的 12.5%；位于华中地区的有 6 家，占总数的 10.71%；位于东北地区的有 3 家，占总数的 5.36%；位于西南地区的有 11 家，占总数的 19.64%；位于西北地区的有 5 家，占总数的 8.93%。（图 4.5）

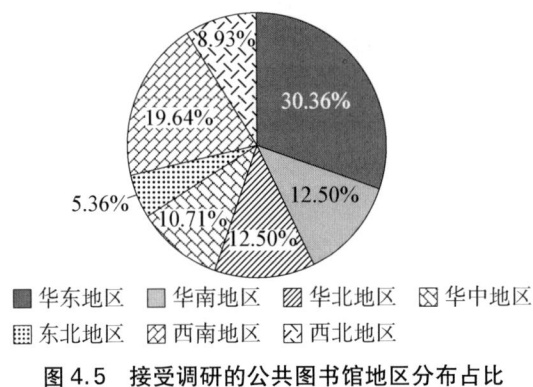

图 4.5　接受调研的公共图书馆地区分布占比

（三）公共图书馆建馆年数

在 56 家接受调研的公共图书馆中，建馆年数在 0~5 年（含 5 年）的有 2 家，占总数的 3.57%；建馆年数在 6~10 年（含 10 年）的有 8 家，占总数的 14.29%；建馆年数在 10 年以上的有 46 家，占总数的 82.14%。（图 4.6）

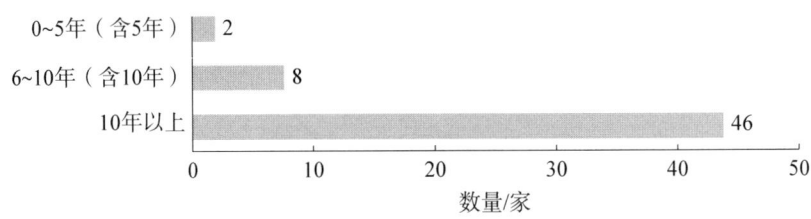

图 4.6　接受调研的公共图书馆建馆年数

（四）公共图书馆提供视障服务年数

在 56 家接受调研的公共图书馆中，提供视障服务年数在 0~5 年（含 5 年）的有 3 家，占总数的 5.36%；提供视障服务年数在 6~10 年（含 10 年）的有 12 家，占总数的 21.43%；提供视障服务年数在 11~15 年（含 15 年）的有 12 家，占总数的 21.43%；提供视障服务年数在 16~20 年（含 20 年）的有 10 家，占总数的 17.86%；提供视障服务年数在 20 年以上的有 19 家，占总数的 33.93%。（图 4.7）本课题于 2023 年年底进行调研，即自 2003 年前开始，在接受调研的公共图书馆中有 33.93% 已经开始提供视障服务;2004 年至 2018 年期间,每 5 年开始提供视障服务的公共图书馆增加的数量基本保持一致;2019 年至 2023 年期间,开始提供视障服务的公共图书馆数量明显减少。

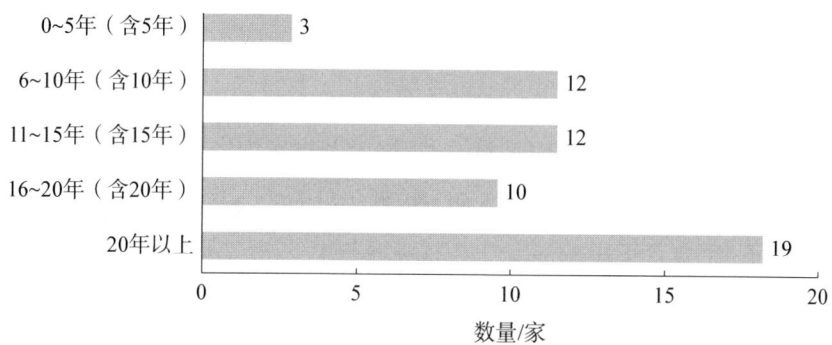

图 4.7 接受调研的公共图书馆提供视障服务年数

(五)公共图书馆视障服务的经费情况

1. 公共图书馆视障服务年平均经费投入数量

在 56 家接受调研的公共图书馆中,有 19 家公共图书馆的视障服务年平均经费投入不详,剩余的 37 家公共图书馆中,视障服务年平均经费投入最高 100 万元,最少 0 万元,平均经费投入 14.10 万元。在提供数据的 37 家中,年平均经费投入 0~5 万元(含 5 万元)的有 17 家;6~10 万元(含 10 万元)的有 10 家;11~20 万元(含 20 万元)的有 5 家;21~50 万元(含 50 万元)的有 3 家;50 万以上的有 2 家。(图 4.8)由于多数公共图书馆经费投入情况不详,此处不计算占比。

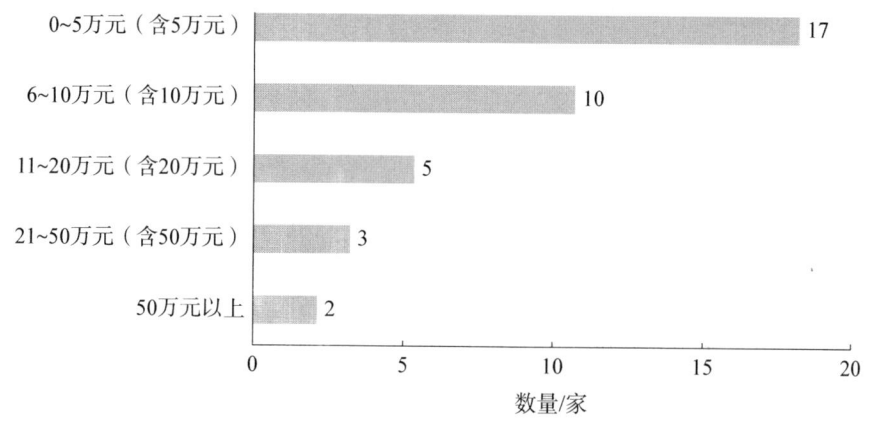

图 4.8 接受调研的公共图书馆视障服务年平均经费

进一步比较视障服务年平均经费投入与公共图书馆所属级别、地区分布和提供视障服务年数之间的关系,公共图书馆所属级别为省级图书馆的视障服务年平均经费投入最高,其次为市级图书馆(直辖市区级图书馆)和地县级图书馆,副省级图书馆的视障服务年平均经费投入最低,其原因可能是接受调研的副省级图书馆样本较少;位于华东地区的公共图书馆的视障服务年平均经费投入最高,其次为西南地区和华南地区,东北地区的视障服务年平均经费投入最低;提供视障服务年数在16~20年(含20年)的公共图书馆的视障服务年平均经费投入最高,其次为提供视障服务年数在11~15年(含15年)和20年以上的公共图书馆,提供视障服务年数在0~5年(含5年)的公共图书馆视障服务年平均经费投入最低。(表4.1)

表4.1 视障服务年平均经费投入与所属级别、地区分布和提供视障服务年数之间的关系

单位:万元

		年平均经费的平均值	年平均经费的最大值	年平均经费的最小值
所属级别	省级图书馆	18.92	100.00	0.30
	副省级图书馆	0.67	1.00	0.00
	市级图书馆(直辖市区级图书馆)	13.29	50.00	1.00
	地县级图书馆	4.00	6.00	1.00
地区分布	华东地区	20.86	50.00	0.30
	华南地区	11.75	20.00	2.00
	华北地区	5.85	10.00	1.00
	华中地区	7.50	15.00	0.00
	东北地区	3.00	5.00	1.00
	西南地区	18.11	100.00	1.00
	西北地区	4.25	10.00	1.00
提供视障服务年数	0~5年(含5年)	1.00	1.00	1.00
	6~10年(含10年)	11.00	50.00	1.00
	11~15年(含15年)	14.66	50.00	0.30
	16~20年(含20年)	24.20	100.00	0.00
	20年以上	14.21	51.00	1.00

2. 公共图书馆视障服务年经费投入来源

在接受调研的56家公共图书馆中,经费来源于政府专项经费的有10家,占总数的17.86%;来源于馆业务经费的有38家,占总数的67.86%;来源于地方残疾人联合会支持的有5家,占总数的8.93%;其他来源的有3家,占总数的5.36%,为政府专项经费、馆业务经费、地方残疾人联合会支持和企业赞助均有投入。(图4.9)

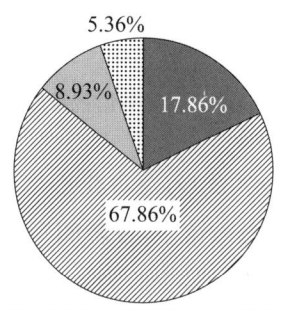

图4.9 接受调研的公共图书馆视障服务经费来源

(六)公共图书馆提供视障服务的阅览室(区)情况

在接受调研的56家公共图书馆中,面向视障人士均有专设的阅览室。从视障阅览室(区)的面积、座席数量、所在楼层、阅览室(区)的名称和每周开放时间进行分析如下。

1. 公共图书馆视障阅览室(区)的面积

在56家接受调研的公共图书馆中,视障阅览室(区)的平均面积为124平方米,其中面积最大的为824平方米,面积最小的为15平方米。视障阅览室(区)的面积在20平方米及以下的有5家,占8.93%;视障阅览室(区)的面积在21~50平方米(含50平方米)的有11家,占19.64%;视障阅览室(区)的面积在51~100平方米(含100平方米)的有20家,占35.71%;视障阅览室(区)的面积在101~200平方米(含200平方米)的有15家,占26.79%;视障阅览室(区)的面积在200平方米以上的有5家,占8.93%。(图4.10)其中省级图书馆视障阅览室(区)的平均面积为159.30平方米,副省级图书馆视障阅览室(区)的平均面积为146.00平方米,市级图书馆视障阅览室(区)的平均面积为97.18平方米,地县级图书馆视障阅览室(区)的平均面积为18.33平方米,可见公共图书馆所属的级别越高,视障阅览室(区)的面积越大。

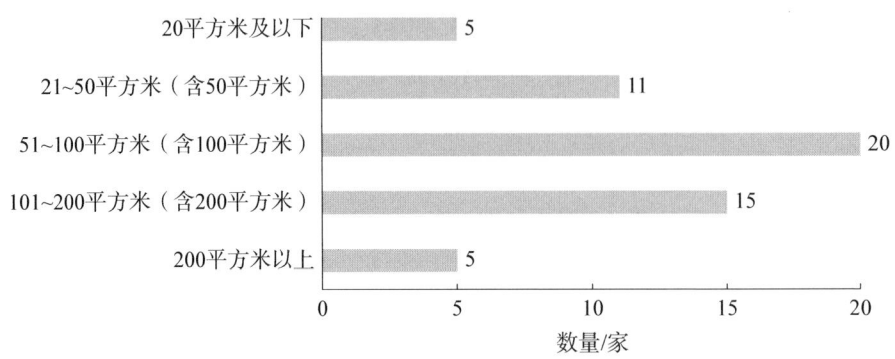

图 4.10　接受调研的公共图书馆视障阅览室（区）的面积

2. 公共图书馆视障阅览室（区）的座席数量

在 56 家接受调研的公共图书馆中，视障阅览室（区）的座席平均数量为 20 个，其中座席数量最多的为 64 个，最少的为 4 个。视障阅览室（区）的座席数量在 10 个及以下的有 20 家，占 35.71%；视障阅览室（区）的座席数量在 11~20 个（含 20 个）的有 17 家，占 30.36%；视障阅览室（区）的座席数量在 21~30 个（含 30 个）的有 9 家，占 16.07%；视障阅览室（区）的座席数量在 30 个以上的有 10 家，占 17.86%。（图 4.11）其中省级图书馆视障阅览室（区）的座席平均数量 24 个，副省级图书馆视障阅览室（区）的座席平均数量为 19 个，市级图书馆视障阅览室（区）的座席平均数量为 18 个，地县级图书馆视障阅览室（区）的座席平均数量为 9 个，可见公共图书馆所属的级别越高，视障阅览室（区）所设置的座席数量越多。

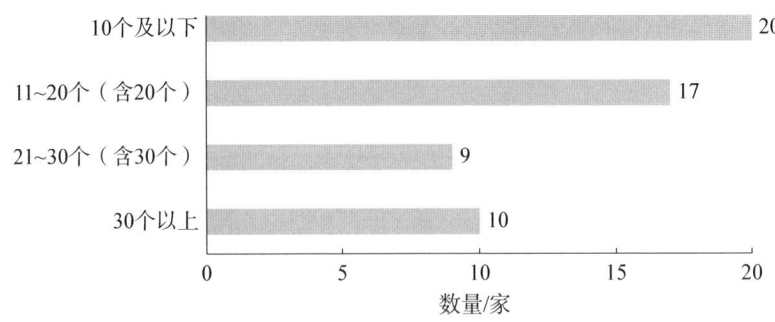

图 4.11　接受调研的公共图书馆视障阅览室（区）的座席数量

3. 公共图书馆视障阅览室（区）的所在楼层

在 56 家接受调研的公共图书馆中，视障阅览室（区）设置在一楼的有 45 家，占 80.36%;视障阅览室(区)设置在二楼的有 6 家,占 10.71%;视障阅览室(区)设置在三楼的有 3 家,占 5.36%;视障阅览室(区)设置在四楼的有 1 家,占 1.79%;视障阅览室(区)设置在负一楼的有 1 家,占 1.79%。(表 4.2)本次调研的对象中,80%以上的公共图书馆将视障阅览室(区)设置在一楼,考虑到视障读者出行的不便。

表 4.2 接受调研的公共图书馆视障阅览室(区)所在楼层分布情况

所在楼层	数量/家	占比/%
一楼	45	80.36
二楼	6	10.71
三楼	3	5.36
四楼	1	1.79
负一楼	1	1.79

4. 公共图书馆视障阅览室(区)的名称

在 56 家接受调研的公共图书馆中,视障阅览室(区)以"盲人"命名的有 9 家,占 16.07%;视障阅览室(区)以"视障"命名的有 28 家,占 50.00%;视障阅览室(区)以"无障碍"命名的有 8 家,占 14.29%;视障阅览室(区)的名称为残障(人士)阅览室的有 4 家,占 7.14%;视障阅览室(区)的名称为图书群体服务区、融爱空间、老年图书借阅室、光明书屋、电子阅览室、有声图书馆和报刊文献阅览区的各有 1 家,占 1.79%。(表 4.3)本次调研的对象中,60%以上的公共图书馆的视障阅览室(区)以"视障"和"盲人"命名。

表 4.3 残障服务阅览室命名

名称	数量/家	占比/%
以"盲人"命名的阅览室	9	16.07
以"视障"命名的阅览室	28	50.00
以"无障碍"命名的阅览室	8	14.29
残障(人士)阅览室	4	7.14
图书群体服务区	1	1.79
融爱空间	1	1.79

续表

名称	数量/家	占比/%
老年图书借阅室	1	1.79
光明书屋	1	1.79
电子阅览室	1	1.79
有声图书馆	1	1.79
报刊文献阅览区	1	1.79

5. 公共图书馆视障阅览室(区)的每周开放时间

在56家接受调研的公共图书馆中,视障阅览室(区)的每周平均开放时间为53.34小时,每周开放时间最长的是84小时,最短的是27小时。视障阅览室(区)的每周平均开放时间大于80小时的有1家,占1.79%;视障阅览室(区)的每周平均开放时间在61~80小时的有14家,占25.00%;视障阅览室(区)的每周平均开放时间在51~60小时的有19家,占33.93%;视障阅览室(区)的每周平均开放时间在41~50小时的有9家,占16.07%;视障阅览室(区)的每周平均开放时间在0~40小时的有13家,占23.21%。(图4.12)

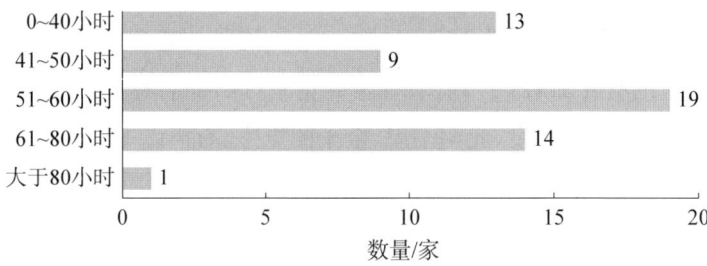

图4.12 接受调研的公共图书馆视障阅览室(区)的每周开放时间

(七) 公共图书馆视障服务工作人员情况

1. 公共图书馆视障服务工作人员组成结构

在56家接受调研的公共图书馆中,视障服务工作人员为专职、兼职和志愿者的有10家,占17.86%;视障服务工作人员为专职和兼职的有1家,占1.79%;视障服务工作人员为专职和志愿者的有3家,占5.36%;视障服务工作人员为专职的有17家,占30.36%;视障服务工作人员为兼职和志愿者的有8

家,占 14.29％;视障服务工作人员为兼职的有 15 家,占 26.79％;视障服务工作人员为志愿者的有 2 家,占 3.57％。(图 4.13)

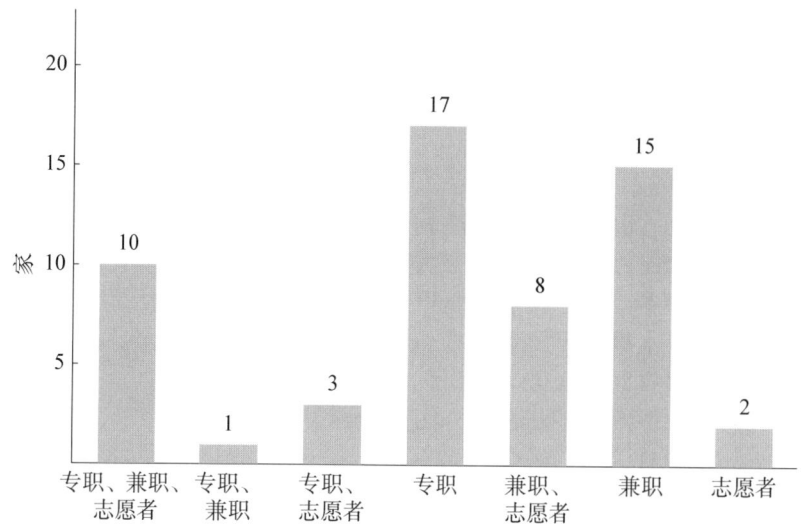

图 4.13　接受调研的公共图书馆视障服务工作人员情况

2. 公共图书馆视障服务工作人员学历情况

在 56 家接受调研的公共图书馆中,视障服务人员为研究生及以上学历的有 15 家,占 26.79％,共 24 人;视障服务人员为本科学历的有 49 家,占 87.50％,共 118 人;视障服务人员为大专及以下学历的有 21 家,占 37.05％,共 29 人。(图 4.14)

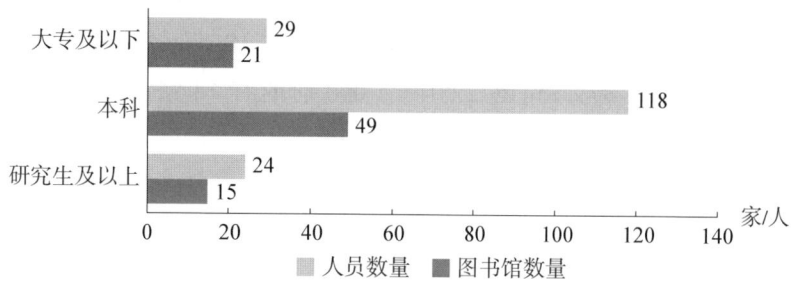

图 4.14　接受调研的公共图书馆视障服务工作人员学历情况

(八) 公共图书馆盲用馆藏资源及设备情况

1. 公共图书馆盲用馆藏资源情况

在 56 家接受调研的公共图书馆中,配备盲文图书的有 53 家,占 94.64％;

配备盲文期刊的有 32 家,占 57.14%;配备明盲文对照本的有 19 家,占 33.93%;配备大字本的有 37 家,占 66.07%;配备有声读物的有 26 家,占 46.43%;配备无障碍电影的有 31 家,占 55.36%;配备音像资料的有 23 家,占 41.07%;配备数字资源的有 15 家,占 26.79%;配备其他盲用文献资源的有 1 家,占 1.79%,为无障碍影音数据库、国家图书馆数字图书馆提供的盲用资源。(图 4.15)

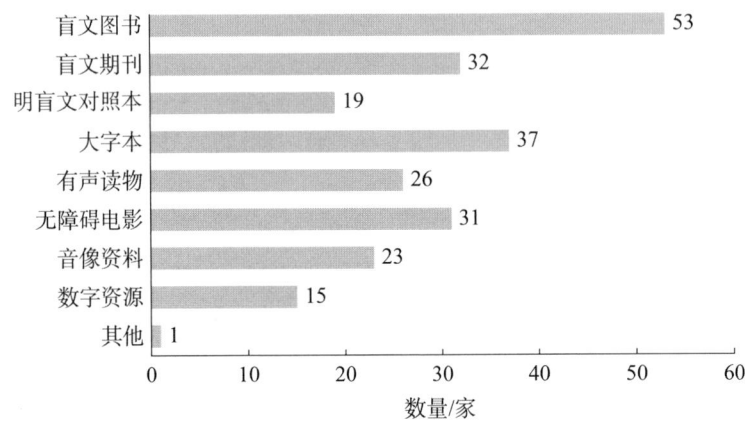

图 4.15 接受调研的公共图书馆盲用馆藏资源总体情况

(1)盲文图书

在 56 家接受调研的公共图书馆中,配备盲文图书的有 53 家,平均馆藏 2 619 册,馆藏最多的有 15 000 册,最少的有 80 册。其中,馆藏 0—500 册的有 12 家,占 22.64%;馆藏 501—1 000 册的有 10 家,占 18.87%;馆藏 1 001—2 000 册的有 10 家,占 18.87%;馆藏 2 001—5 000 册的有 13 家,占 24.53%;馆藏 5 000 册以上的有 8 家,占 15.09%。(图 4.16)

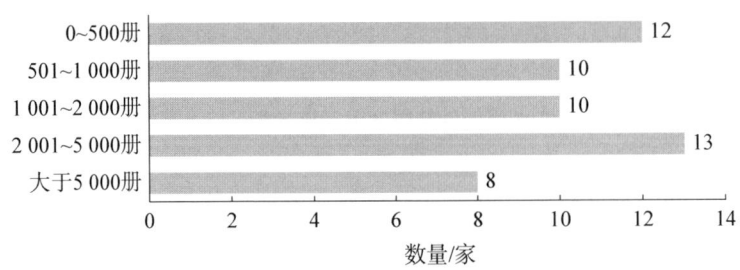

图 4.16 接受调研的公共图书馆盲文图书馆藏数量情况

配备盲文图书的 53 家公共图书馆中,平均馆藏 1 104 种,馆藏最多的有 15 000 种,最少的有 1 种。其中,馆藏 0～50 种的有 12 家,占 22.64%;馆藏 51～500 种的有 13 家,占 24.53%;馆藏 501～1 000 种的有 10 家,占 18.87%;馆藏 1 001～2 000 种的有 10 家,占 18.87%;馆藏 2 000 种以上的有 6 家,占 11.32%。(图 4.17)

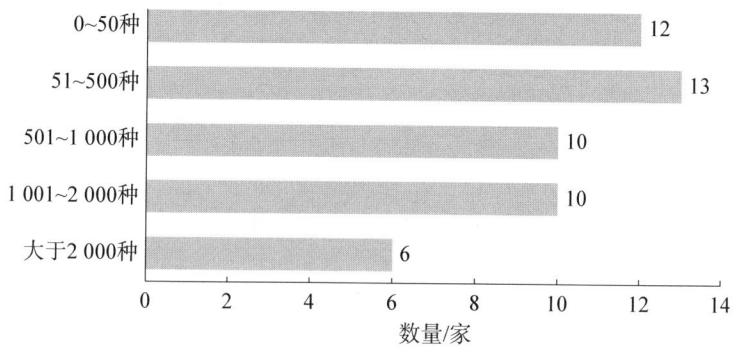

图 4.17 接受调研的公共图书馆盲文图书馆藏种类情况

(2) 盲文期刊

在 56 家接受调研的公共图书馆中,配备盲文期刊的有 32 家,平均馆藏 1 008 册,馆藏最多的有 6 000 册,最少的有 10 册。其中,馆藏 0～100 册的有 8 家,占 25.00%;馆藏 101～500 册的有 10 家,占 31.25%;馆藏 501～1 000 册的有 4 家,占 12.50%;馆藏 1 001～2 000 册的有 5 家,占 15.63%;馆藏 2 000 册以上的有 5 家,占 15.63%。(图 4.18)

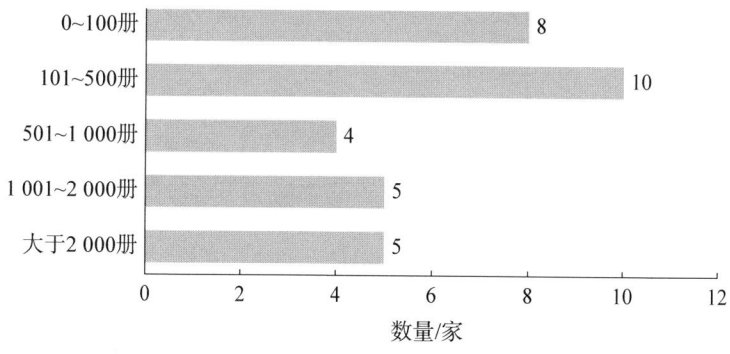

图 4.18 接受调研的公共图书馆盲文期刊馆藏数量情况

配备盲文期刊的 32 家公共图书馆中,平均馆藏 82 种,馆藏最多的有 2 000 种,最少的有 1 种。其中,馆藏 0~5 种的有 10 家,占 31.25%;馆藏 6~10 种的有 8 家,占 25.00%;馆藏 11~20 种的有 8 家,占 25.00%;馆藏 20 种以上的有 6 家,占 18.75%。(图 4.19)

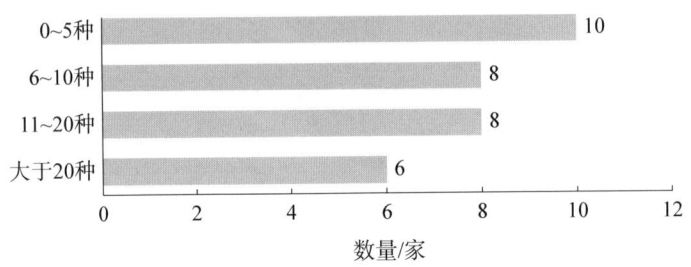

图 4.19　接受调研的公共图书馆盲文期刊馆藏种类情况

(3) 大字本

在 56 家接受调研的公共图书馆中,配备大字本的有 37 家,平均馆藏 899 册,馆藏最多的有 4 200 册,最少的有 4 册,一家待统计。其中,馆藏 0~50 册的有 5 家,占 13.89%;馆藏 51~200 册的有 8 家,占 22.22%;馆藏 201~500 册的有 8 家,占 22.22%;馆藏 501~1 000 册的有 5 家,占 13.89%;馆藏 1 001~2 000 册的有 6 家,占 16.67%;馆藏 2 000 册以上的有 4 家,占 11.11%。(图 4.20)

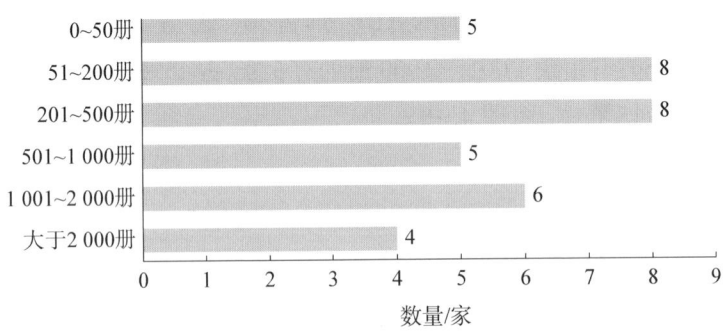

图 4.20　接受调研的公共图书馆大字本馆藏数量情况

(4) 有声读物

在 56 家接受调研的公共图书馆中,配备有声读物的有 26 家,平均馆藏 4 251 种,馆藏最多的有 50 000 种,最少的有 1 种。其中,馆藏 0~10 种的有 4 家,占 15.38%;馆藏 11~100 种的有 9 家,占 34.62%;馆藏 101~1 000 种的有

5家,占19.23%;馆藏1 001~5 000种的有4家,占15.38%;馆藏5 000种以上的有4家,占15.38%。(图4.21)

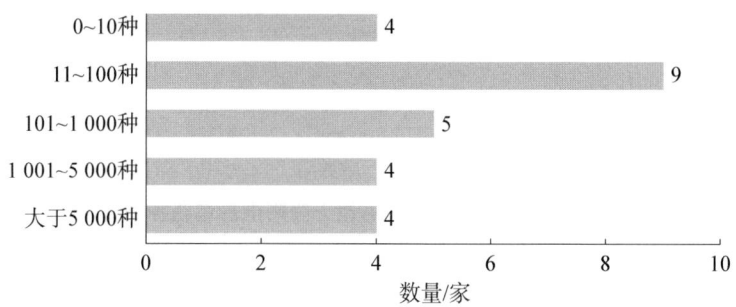

图4.21 接受调研的公共图书馆有声读物馆藏数量情况

(5)无障碍电影

在56家接受调研的公共图书馆中,配备无障碍电影的有31家,平均馆藏475盘,馆藏最多的有1 500盘,最少的有78盘,一家待统计。其中,馆藏0~200盘的有8家,占25.81%;馆藏201~400盘的有8家,占25.81%;馆藏401~600盘的有6家,占19.35%;馆藏601~800盘的有4家,占12.90%;馆藏801~1 000盘的有2家,占6.45%;馆藏1 000盘以上的有2家,占6.45%。(图4.22)

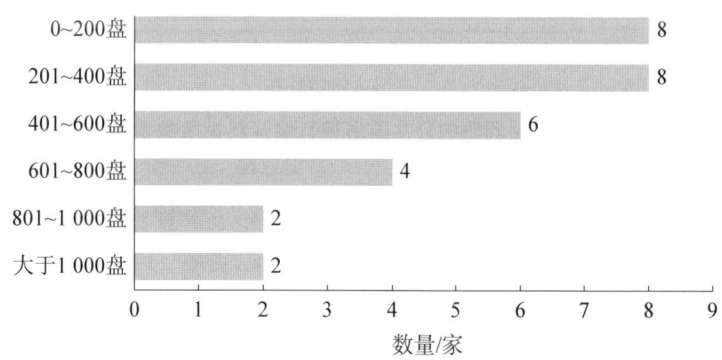

图4.22 接受调研的公共图书馆无障碍电影馆藏数量情况

配备有无障碍电影的31家公共图书馆中,平均馆藏320种,馆藏最多的有800种,最少的有1种。其中,馆藏0~20种的有6家,占19.35%;馆藏21~100种的有6家,占19.35%;馆藏101~500种的有11家,占35.48%;馆藏500种以上的有8家,占25.81%。(图4.23)

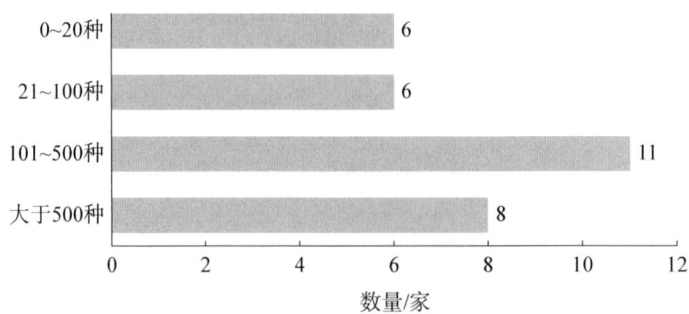

图 4.23　接受调研的公共图书馆无障碍电影馆藏种类情况

（6）音像资料

在 56 家接受调研的公共图书馆中，配备音像资料的有 23 家，平均馆藏 8 595 盘，馆藏最多的有 73 820 盘，最少的有 40 盘。其中，馆藏 0～100 盘的有 6 家，占 26.09%；馆藏 101～1 000 盘的有 10 家，占 43.48%；馆藏 1 001～10 000 盘的有 3 家，占 13.04%；馆藏 10 000 盘以上的有 4 家，占 17.39%。（图 4.24）

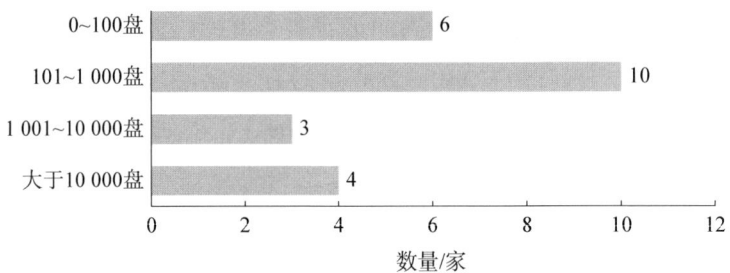

图 4.24　接受调研的公共图书馆音像资料馆藏数量情况

配备音像资料的 23 家公共图书馆中，平均馆藏 2 816 种，馆藏最多的有 26 809 种，最少的有 1 种。其中，馆藏 0～100 种的有 12 家，占 52.17%；馆藏 101～1 000 种的有 7 家，占 30.43%；馆藏 1 000 种以上的有 4 家，占 17.39%。（图 4.25）

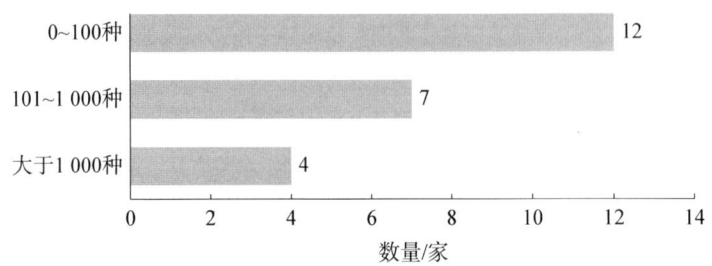

图 4.25　接受调研的公共图书馆音像资料馆藏种类情况

（7）自建（制）的盲用资源

在 56 家接受调研的公共图书馆中,有 34 家有自建（制）的盲用资源,占 60.71%;有 22 家无自建（制）的盲用资源,占 39.29%。(图 4.26)

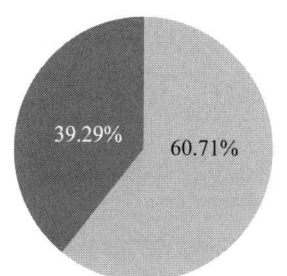

图 4.26　接受调研的公共图书馆自建（制）的盲用资源情况

其中,在 34 家有自建（制）的盲用资源的公共图书馆中自建（制）电子资源的有 4 家,占 7.14%;自建（制）音频资源的有 14 家,占 25.00%;自建（制）文献资源的有 8 家,占 14.29%;自建（制）触摸作品的有 8 家,占 14.29%;自建（制）其他资源的有 6 家,占 10.71%,分别有盲人数字图书馆、自建数字资源库和口述影像脚本。(图 4.27)

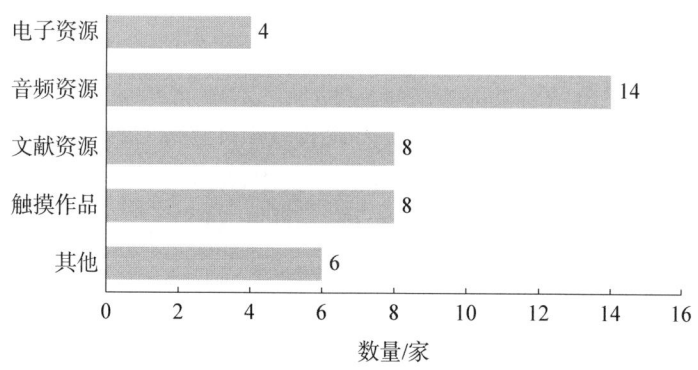

图 4.27　接受调研的公共图书馆自建（制）的盲用资源种类情况

2. 公共图书馆盲用设备情况

在 56 家接受调研的公共图书馆中,配备盲用计算机的有 49 家,占 87.50%;配备读屏软件的有 43 家,占 76.79%;配备盲文点显器的有 42 家,占

75.00%；配备电子助视器的有 46 家，占 82.14%；配备盲用扫描棒的有 9 家，占 16.07%；配备盲文输出设备的有 25 家，占 44.64%；配备听书机的有 54 家，占 96.43%；配备智能阅读机（器）的有 33 家，占 58.93%；配备录制设备的有 5 家，占 8.93%；配备放大镜的有 32 家，占 57.14%；配备其他设备的有 4 家，占 7.14%，分别有阳光影院设备、盲文写字板、盲用扑克、盲用中国象棋、中国触觉语音地图、盲文学习机和扩视软件。（图 4.28）

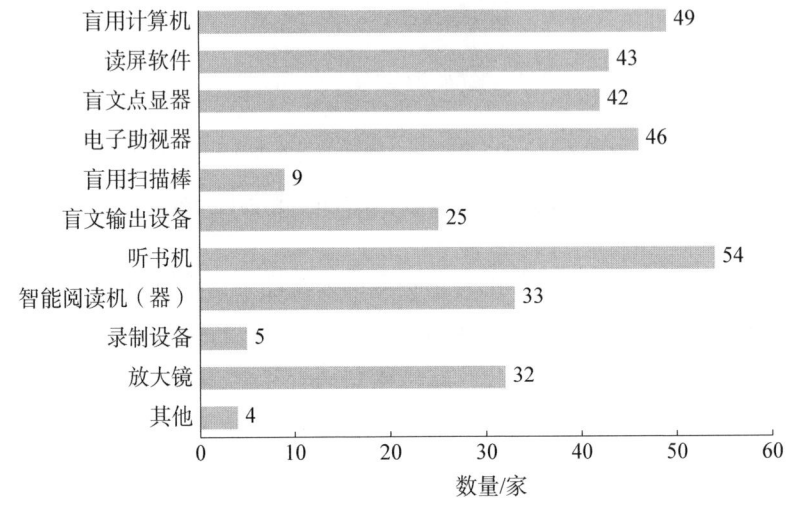

图 4.28　接受调研的公共图书馆盲用设备总体情况

（1）盲用计算机

在 56 家接受调研的公共图书馆中，配备盲用计算机的有 49 家，平均数量为 5 台，配备最多的有 15 台，最少的有 1 台。其中，配备 1～5 台盲用计算机的有 35 家，占 71.43%；配备 6～10 台盲用计算机的有 9 家，占 18.37%；配备 11～15 台盲用计算机的有 5 家，占 10.20%。（图 4.29）

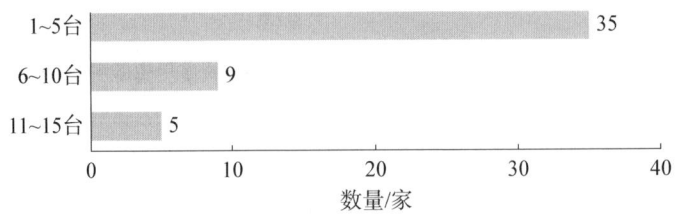

图 4.29　接受调研的公共图书馆盲用计算机情况

(2) 读屏软件

在 56 家接受调研的公共图书馆中,配备读屏软件的有 43 家。其中,配备 1 种读屏软件的有 36 家,占 83.72%;配备 2 种读屏软件的有 6 家,占 13.95%;配备 3 种读屏软件的有 1 家,占 2.33%。(图 4.30)

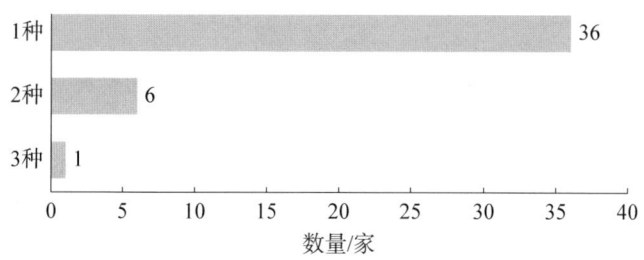

图 4.30　接受调研的公共图书馆读屏软件种类情况

配备争渡读屏软件的有 12 家,27.91%;配备永德读屏软件的有 9 家,占 20.93%;配备阳光读屏软件的有 30 家,占 69.77%。(图 4.31)

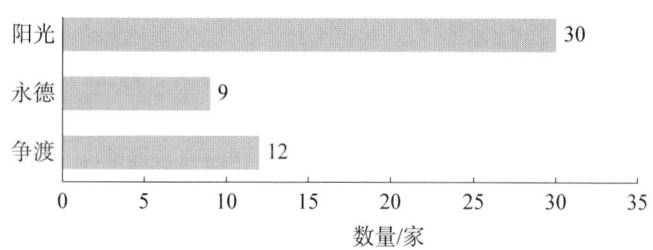

图 4.31　接受调研的公共图书馆各类读屏软件使用情况

(3) 盲文点显器

在 56 家接受调研的公共图书馆中,配备盲文点显器的有 42 家,平均数量为 2 台,配备最多的有 10 台,最少的有 1 台。其中,配备 1 台盲文点显器的有 26 家,占 61.90%;配备 2~3 台盲文点显器的有 10 家,占 23.81%;配备 4~5 台盲文点显器的有 3 家,占 7.14%;配备 5 台以上盲文点显器的有 3 家,占 7.14%。(图 4.32)

(4) 电子助视器

在 56 家接受调研的公共图书馆中,配备电子助视器的有 46 家,平均数量为 4 台,配备最多的有 15 台,最少的有 1 台。其中,配备 1 台电子助视器的有 15

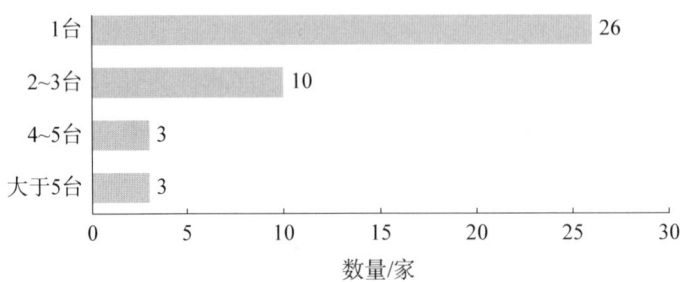

图 4.32　接受调研的公共图书馆盲文点显器情况

家,占 32.61%;配备 2 台电子助视器的有 15 家,占 32.61%;配备 3~10 台电子助视器的有 12 家,占 26.09%;配备 10 台以上电子助视器的有 4 家,占 8.70%。(图 4.33)

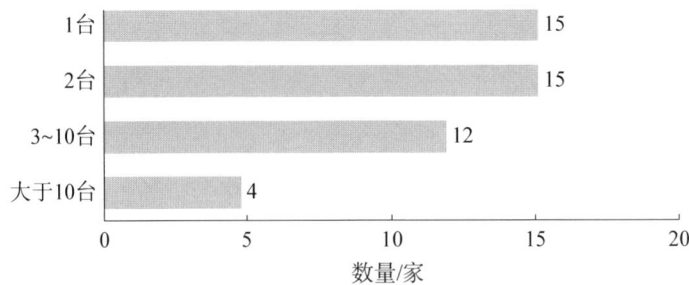

图 4.33　接受调研的公共图书馆电子助视器情况

(5) 盲文输出设备

在 56 家接受调研的公共图书馆中,配备盲文输出设备的有 25 家。其中,配备 1 台盲文输出设备的有 18 家,占 72%;配备 2 台盲文输出设备的有 3 家,占 12%;配备 3 台盲文输出设备的有 2 家,占 8%;配备 4 台盲文输出设备的有 2 家,占 8%。(图 4.34)

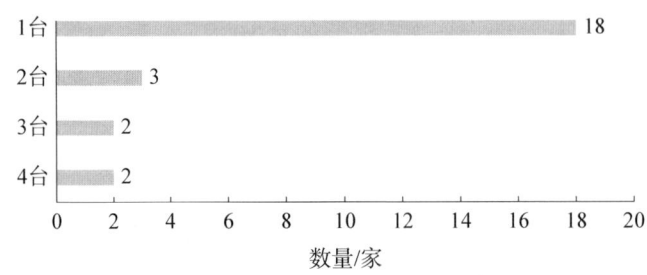

图 4.34　接受调研的公共图书馆盲文输出设备情况

配备盲文刻印机的有21家,占84%;配备盲文复印机的有2家,占8%;配备盲文打字机的有10家,占40%;配备盲文图形打印机的有3家,占12%。(图4.35)

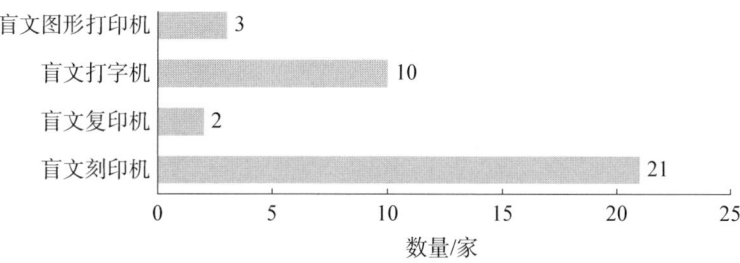

图4.35　接受调研的公共图书馆各类盲文输出设备分布情况

(6) 听书机

在56家接受调研的公共图书馆中,配备听书机的有54家,平均数量为520台,配备最多的有1 400台,最少的有2台。其中,配备0~50台听书机的有8家,占14.81%;配备51~400台听书机的有13家,占24.07%;配备401~700台听书机的有18家,占33.33%;配备700台以上听书机的有15家,占27.78%。(图4.36)

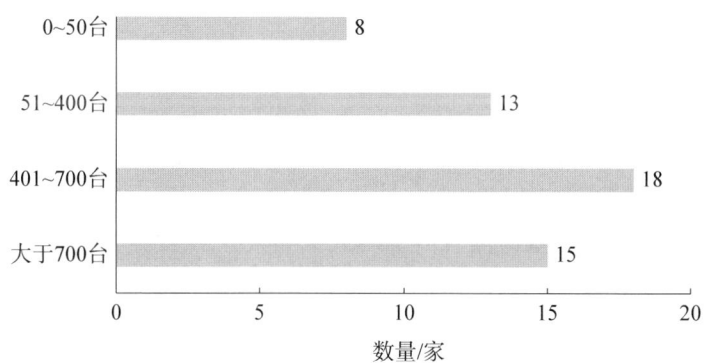

图4.36　接受调研的公共图书馆听书机情况

配备阳光听书机的有51家,占94.44%;配备博朗听书机的有2家,占3.70%;配备其他听书机的有3家,占5.56%,为瑞德听书机。(图4.37)

(九) 公共图书馆视障服务情况

1. 公共图书馆视障服务年服务视障读者的人次

在56家接受调研的公共图书馆中,每年服务视障读者的平均人次为2 410

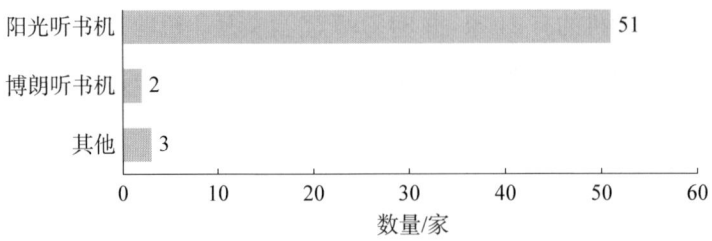

图 4.37 接受调研的公共图书馆各种听书机分布情况

人次。其中年服务 0~50 人次的有 10 家,占 17.86％;年服务 51~200 人次的有 14 家,占 25.00％;年服务 201~500 人次的有 12 家,占 21.34％;年服务 501~1 000 人次的有 11 家,占 19.64％;年服务 1 001~5 000 人次的有 6 家,占 10.71％;年服务 5 000 人次以上的有 3 家,占 5.36％。(图 4.38)

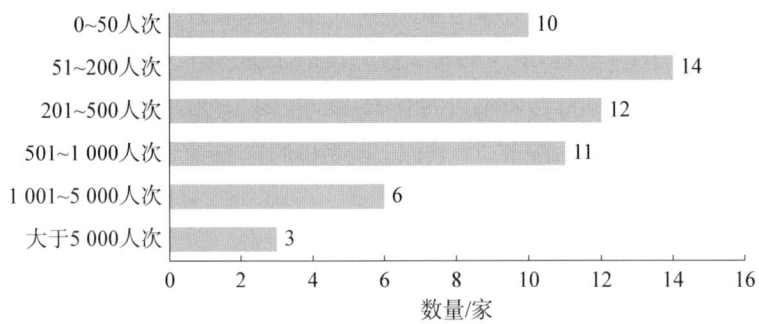

图 4.38 接受调研的公共图书馆年服务视障读者的人次情况

进一步比较年服务视障读者的平均人次与公共图书馆所属级别、地区分区和提供视障服务年数之间的关系,公共图书馆所属级别为省级图书馆的年服务视障读者的平均人次最多,其次为市级图书馆(直辖市区级图书馆)和副省级图书馆,地县级图书馆的年服务视障读者的平均人次最少;位于西南地区的公共图书馆的年服务视障读者的平均人次最多,其次为华南地区和东北地区,西北地区的公共图书馆的年服务视障读者的平均人次最少;提供视障服务年数在 16~20 年(含 20 年)的公共图书馆的年服务视障读者的平均人次最多,其次为提供视障服务年数在 20 年以上和 11~15 年(含 15 年)的公共图书馆,提供视障服务年数 6~10 年(含 10 年)的公共图书馆的年服务视障读者的平均人次最少。(表 4.4)

表 4.4　年服务视障读者的平均人次与所属级别、地区分布和提供视障服务年数之间的关系

单位：人次

		年服务平均人次	年服务平均人次的最大值	年服务平均人次的最小值
所属级别	省级图书馆	4 790	90 000	64
	副省级图书馆	316	1 000	32
	市级图书馆（直辖市区级图书馆）	762	10 000	12
	地县级图书馆	43	100	0
地区分布	华东地区	766	6 000	12
	华南地区	2 003	10 000	20
	华北地区	872	3 000	64
	华中地区	533	1 000	100
	东北地区	1 344	3 000	32
	西南地区	8 369	90 000	30
	西北地区	502	1 200	0
提供视障服务年数	0～5 年（含 5 年）	537	1 500	12
	6～10 年（含 10 年）	266	1 000	0
	11～15 年（含 15 年）	657	3 000	60
	16～20 年（含 20 年）	9 840	90 000	200
	20 年以上	1 256	10 000	32

2. 公共图书馆提供视障服务的内容

在 56 家接受调研的公共图书馆中，有 55 家提供阅览专座和设备，占 98.21%；有 42 家提供借阅服务，占 75.00%；有 35 家提供送书上门服务，占 62.50%；有 26 家提供邮寄服务，占 46.43%；有 27 家提供文献资源下载、盲文点字转换等辅助服务，占 48.21%；有 22 家提供面对面朗读服务，占 39.29%；有 19 家提供口述影像服务，占 33.93%；有 26 家提供有声读物借阅及制作服务，占 46.43%；有 45 家提供读者活动（讲座、参观、读书会、座谈会、征文、知识竞赛等）服务，占 80.36%；有 32 家提供培训服务（电脑、手机）服务，占 57.14%；有 23 家提供盲文转换及刻印服务，占 41.07%；有 40 家提供信息咨询，占 71.43%；有 2 家提供其他服务，占 3.57%，分别为盲人技能培训（生活技能、盲人按摩等），并

提供对外展示的场所和数字文献格式转换。（图4.39）

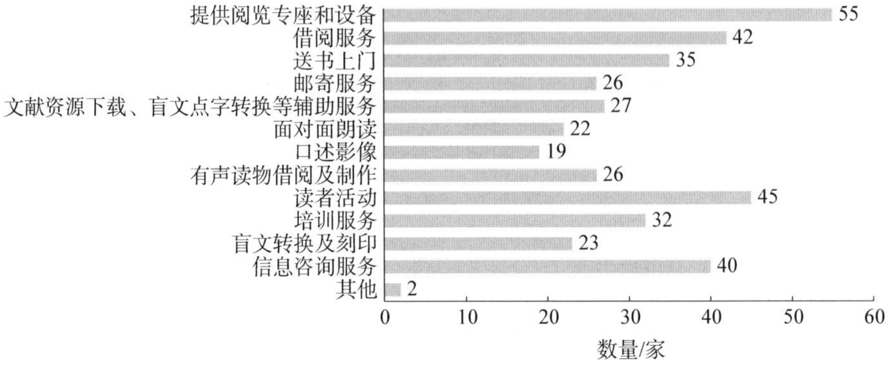

提供阅览专座和设备 55
借阅服务 42
送书上门 35
邮寄服务 26
文献资源下载、盲文点字转换等辅助服务 27
面对面朗读 22
口述影像 19
有声读物借阅及制作 26
读者活动 45
培训服务 32
盲文转换及刻印 23
信息咨询服务 40
其他 2

图4.39　接受调研的公共图书馆提供视障服务的内容

3. 公共图书馆提供视障借阅服务的期限

在56家接受调研的公共图书馆中，有42家提供借阅服务。借期最少28天，最多无限期。其中，借期在31天以内的有14家，占33.33%；借期在32~60天的有14家，占33.33%；借期在61~90天的有6家，占14.29%；借期在91~120天的有2家，占4.76%；借期在121~180天的有3家，占7.14%；借期在181~365天的有1家，占2.38%；借期无限期的有2家，占4.76%。（图4.40）

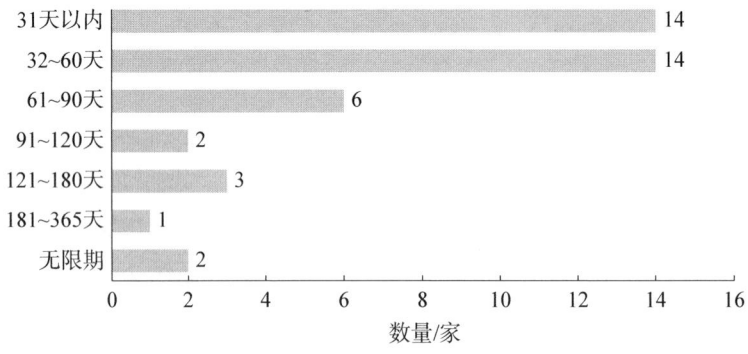

31天以内 14
32~60天 14
61~90天 6
91~120天 2
121~180天 3
181~365天 1
无限期 2

图4.40　接受调研的公共图书的借期

4. 公共图书馆提供邮寄服务情况

在56家接受调研的公共图书馆中，有26家提供邮寄服务。其中，有24家邮寄免费，占92.31%；有2家邮寄不免费，占7.69%。（图4.41）

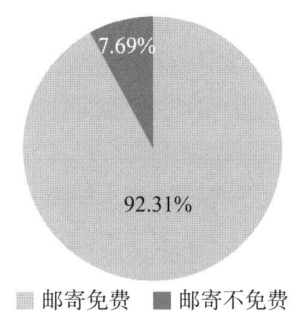

图 4.41 接受调研的公共图书的邮寄服务

5. 公共图书馆提供借阅服务的资源类型

在 56 家接受调研的公共图书馆中,有 54 家提供盲文图书、期刊借阅,占 96.43%;有 35 家提供有声读物借阅,占 62.50%;有 33 家提供大字本借阅,占 58.93%;有 49 家提供听书电子设备借阅,占 87.50%;有 12 家提供助视设备借阅,占 21.43%;有 19 家提供明盲文对照本借阅,占 33.93%。(图 4.42)

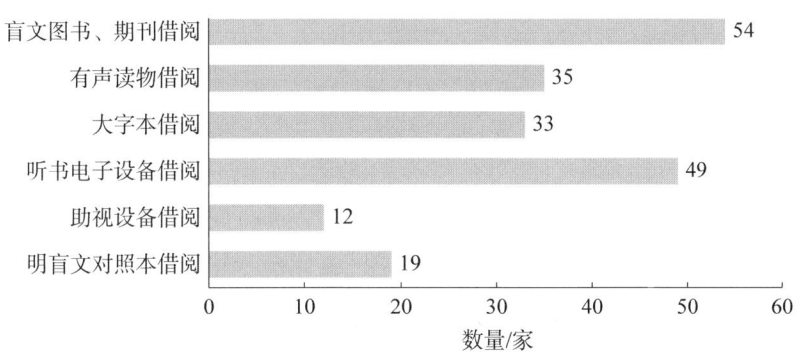

图 4.42 接受调研的公共图书提供借阅服务的资源类型

6. 公共图书馆提供的培训服务

在 56 家接受调研的公共图书馆中,有 32 家提供培训服务。其中,有 25 家提供手机培训服务,占 78.13%;有 25 家提供电脑培训服务,占 78.13%;有 9 家提供盲文培训服务,占 28.13%;有 16 家提供职业技能培训服务,占 50.00%;有 24 家提供文化技能培训服务,占 75.00%;有 14 家提供心理健康教育培训服务,占 43.75%;有 1 家提供其他培训服务,占 3.13%,为法律培训。(图 4.43)

培训老师来源方面,有 14 家公共图书馆的培训老师来源于视障者(有课

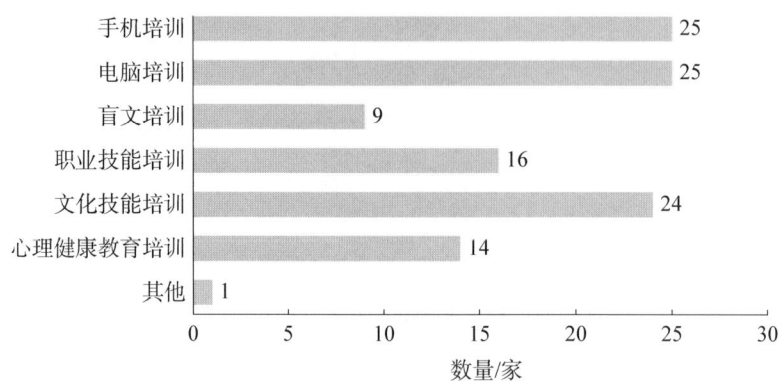

图 4.43　接受调研的公共图书提供培训服务的类型

酬），占 43.75%；有 24 家公共图书馆的培训老师来源于馆员，占 75.00%；有 28 家公共图书馆的培训老师来源于志愿者，占 87.50%；有 21 家公共图书馆的培训老师来源于专业老师（有课酬），占 65.63%。（图 4.44）

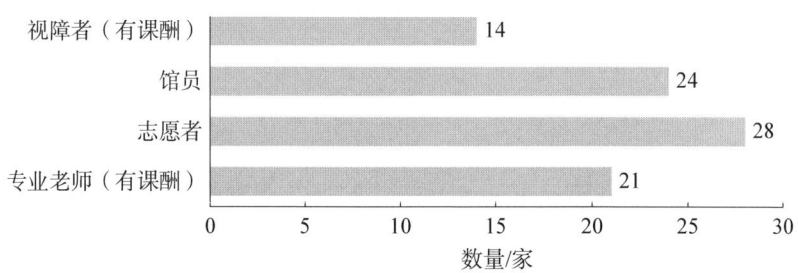

图 4.44　接受调研的公共图书提供培训服务老师的来源

7. 公共图书馆开展的文化活动

在 56 家接受调研的公共图书馆中，有 45 家开展读书会，占 80.36%；有 36 家开展专题讲座，占 64.29%；有 24 家开展技能比赛，占 42.86%；有 24 家开展口述影像，占 42.86%；有 39 家开展文娱活动，占 69.64%；有 4 家开展其他文化活动，占 7.14%，分别为馆员导读、徒步活动、盲童亲子阅读、触摸红色文化、盲人扑克象棋比赛、义诊和外出参观活动。（图 4.45）

8. 公共图书馆提供的办证服务

在 56 家接受调研的公共图书馆中，有 48 家办理读者证免押金，占 85.71%；有 8 家办理读者证需要押金，占 14.29%。（图 4.46）

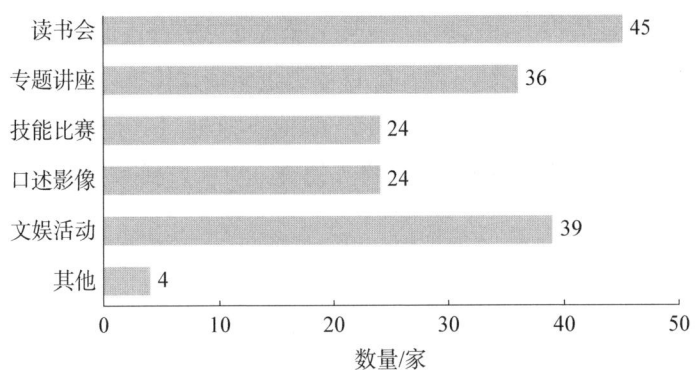

图 4.45　接受调研的公共图书馆开展文化活动情况

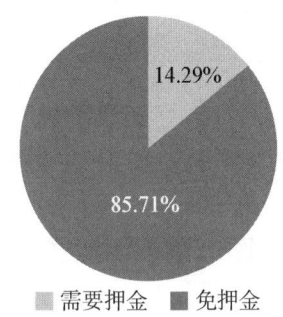

图 4.46　接受调研的公共图书馆提供办证服务情况

9. 公共图书馆视障服务宣传

（1）宣传频率

在 56 家接受调研的公共图书馆中，有 31 家经常宣传推广，占 55.36%；有 25 家偶尔宣传推广，占 44.64%。（图 4.47）本次调研中的公共图书馆均对读者宣传了视障服务。

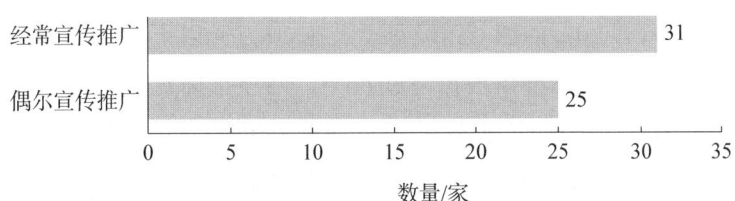

图 4.47　接受调研的公共图书馆视障服务宣传频率

（2）宣传方式

在 56 家接受调研的公共图书馆中，有 42 家通过网站宣传推广，占 75.00%；

有16家通过报刊宣传推广,占28.57%;有9家通过短信宣传推广,占16.07%;有12家通过QQ宣传推广,占21.43%;有47家通过微信宣传推广,占83.93%;有33家通过盲人学校或社区宣传推广,占58.93%;有5家通过其他方式宣传推广,占8.93%,分别为地方残障人士联合会、盲人协会、电视、广播和抖音。(图4.48)

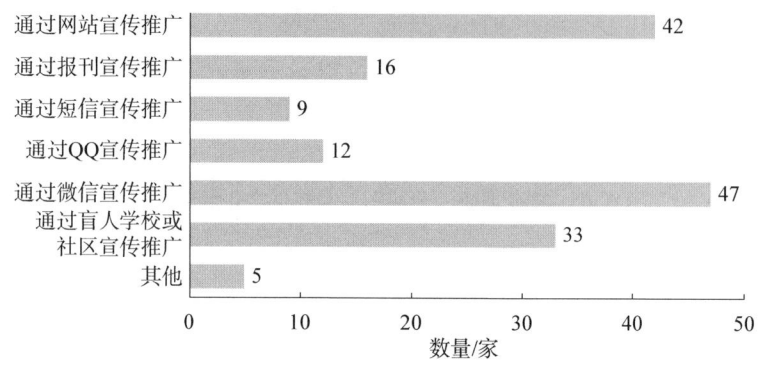

图4.48 接受调研的公共图书馆视障服务宣传方式

三 中国内地(大陆)公共图书馆视障服务基础现状分析

2016年,中国盲文图书馆为起草《图书馆视障人士服务规范》,曾对中国内地(大陆)61家公共图书馆视障服务做过同口径问卷调查。为分析2016年以来内地(大陆)公共图书馆视障服务发展变化,以2016年问卷调查结果作为参照,做比对分析。

(一)视障服务经费投入逐步放缓,服务功能覆盖率提升

调研发现,2016年受访的公共图书馆中有12家经费投入超过20万元,占比19.67%;本次调研仅有5家经费投入超过20万元,占比8.93%;2016年受访的公共图书馆中,有70%的图书馆经费投入在20万元以下,而本次调研中经费投入在20万元以下的图书馆占比超过86%。两项指标对比来看,公共图书馆在视障服务投入方面呈现出"前期密集、后期平缓"的经费使用特点,符合视障配套设施基础性投入较大、运行时间较短、完善维护投入较低的现状。

此次调研受访公共图书馆对视障服务的年平均经费投入仅为14.1万元,且有近半数的公共图书馆年均投入在10万元以下,但在省、市两级公共图书馆经费投入方面明显要高于其他级别公共图书馆,华东、西南、华南的视障服务经费投入要高于其他地区。

结合经费来源分析看,公共图书馆在视障服务方面的投入,较多依赖于政府财政划拨"输血",以及馆内其他业务收入调配"补血",东部省市的经济发展优势和西南地区的政策倾斜优势是推动视障服务高投入的主要因素。

(二)政策法规完善,公共图书馆视障服务普及

基于受访的 56 家公共图书馆数据显示,约有三分之一的公共图书馆于 2003 年前开始提供视障服务,而后每 5 年新增视障服务的公共图书馆数量基本一致,截至 2018 年有 53 家公共图书馆可以提供视障服务,近 5 年提供视障服务的公共图书馆增量有所减缓。调研表明,中国内地(大陆)公共图书馆历来重视对视障人群的服务,特别是进入 21 世纪知识经济时代,随着知识和创新越来越成为推动经济增长和社会进步的重要力量,中国内地(大陆)公共图书馆的视障服务功能逐步健全完善,完成了"从无到有"的转变,为视障人群提供知识和信息服务的基础化建设已经实现普遍覆盖。

(三)视障服务硬件升级,馆藏增量

公共图书馆视障服务需要有硬件方面投入,主要包括馆舍无障碍服务内容,比如视障阅览室面积,有无盲道、盲文标识、语音向导等;也包括馆藏资源建设和服务设备投入,如盲文纸质藏书、磁带光盘、有声读物、电子资源以及助视仪、听书机、盲用电脑等设备的配置情况。

在受访的 56 家公共图书馆中,有 40 家视障阅览室面积超过 50 平方米,36 家公共图书馆设有 10 个以上的实体化座位,45 家公共图书馆的视障阅览室设在图书馆 1 楼。2016 年中国盲文图书馆在制定《图书馆视障人士服务规范》期间,对中国内地(大陆)61 家公共图书馆做过同类型内容调研,对比 2016 年调研数据,建设有盲道的公共图书馆从 62.29% 增加到 82.14%,增长 19.85%;配备语音向导的公共图书馆从 6.55% 增加到 16.07%,增长 9.52%;配备盲文标识的公共图书馆从 45.90% 增加到 53.57%,同比增长 7.67%。2016 年调研数据中,视障阅览室面积达到 100 平方米以上的公共图书馆占调研总数的 18%,本次调研中占 35.72%,增长 17.72%。调研显示,受访公共图书馆中普遍设置了无障碍厕所、坡道、电梯、停车位和盲道等基础设施,还有一定量的公共图书馆提供低位服务台和检索台,为各类残障人士提供了更加便捷的到馆服务。综合分析,公共图书馆在无障碍环境改善方面取得了不错的成绩。

馆藏建设方面,以盲文图书和大字版读物为例,2016 年调研的公共图书馆

中有28家拥有500册以上盲文图书,占比45.90%,本次调研中则有41家公共图书馆拥有500册以上盲文图书,占比73.21%;2016年仅有17家公共图书馆拥有大字本读物,占比27.87%,本次调研中则有37家,占比66.07%;调研数据显示,两项数据均有增长。从数量和种类上来看,公共图书馆能够相对普遍地提供盲文图书(1 000册以上31家,500种以上26家)、大字本(200册以上23家)、盲文期刊(100册以上24家,5种以上22家)、无障碍电影(200盘以上22家,20种以上25家)、有声读物(10种以上22家)等基础性盲用资源。此外,有六成的受访公共图书馆拥有自建(制)盲用资源,且主要以音频、文献、触摸资源为主,在资源索引、可听可触的知识分享和获取途径上起到了积极作用。

信息数字化进程的快速发展,导致传统纸质载体的盲文书、大字本已不能满足视障读者日益增长变化的阅读需求,磁带、光盘等物理载体也在多媒体时代的变迁中逐渐被电子书、数字化音频等资源所取代。应运而生的听书机因其免费、便携、操作简单易学等优点,在视障群体中普及率大大提高。在2016年的调研中配备听书机的公共图书馆有38家,占比62.30%;本次调研中则有54家,占比高达96.43%。听书机作为当前主流的盲用设备,有效延伸了无障碍服务触角。本次调研发现,公共图书馆除听书机(400台以上33家,阳光听书机51家)外,普遍配备了盲用计算机、电子助视器、读屏软件、盲文点显器,半数左右的图书馆配备了智能阅读机、放大镜、盲文输出设备,个别图书馆还提供盲用扫描棒、录制设备。

综上,相较于2016年调研结果,接受本次调研的各公共图书馆盲用馆藏资源的内容更丰富、载体更多元化,盲用设备配置整体呈现出上升趋势,与信息化时代知识载体创新及普及趋势相适应。

(四)视障服务软性服务效能提升,文献服务小幅下降

视障服务的内容、形式,在以往邮寄服务、读书会、讲座、征文、知识竞赛等开展多年的成熟服务形式之外,有声阅读资源借阅、口述影像、各类培训等服务成为近年来的新晋热门项目,受到广大视障读者的青睐。

本次接受调研的公共图书馆中,年均服务视障读者500人次以上的有20家,占比35.71%,而2016年同口径下服务视障读者500人次以上的有16家,占比26.23%,服务能力得到了一定比例的提升。在视障服务的内容方面,本次调研对象相较于2016年受访公共图书馆,在借阅服务、送书上门、邮寄服务等功能上的覆盖率略有下降,而在读者活动、培训服务、信息咨询服务等功能上的覆盖率则有所上升。另外,从视障服务宣传推广频率来看,2016年受访对象中有一半的公共图书馆没有对视障服务进行社会宣传,本次调研中则全部开展了宣传推广。

调研显示,受访公共图书馆普遍提供阅览专座和设备,提供读者活动、借阅服务、信息咨询服务、送书上门、培训服务等内容,近半数的公共图书馆提供资源下载、盲文转化、邮寄服务、有声书借阅及制作等服务内容,还有三分之一的公共图书馆提供盲文转换及刻印、面对面朗读、口述影像等服务。读者活动、借阅服务是目前公共图书馆视障服务的主要内容,无论是在活动形式、借阅期限,还是在培训师资、宣传推广方面,都对视障群体有着更具包容性和针对性的服务倾向。

对比表明,公共图书馆在树立视障服务的社会共识方面取得了长足进步,能够主动宣传推介服务途径,同时服务内容也更加呈现出小型化、个性化、信息化的特点。公共图书馆的视障服务能力更加多元立体,这得益于前期的无障碍建设投入,视障群体出行比以前更加便利,到馆参加现场活动的热情随之相应提高。而《马拉喀什条约》的正式实施为进一步深入开展口述影像制作、有声电子资源制作、明盲文转换及刻印等服务消除了版权方面的障碍。

第二节 中国内地(大陆)公共图书馆无障碍服务

一、中国内地(大陆)公共图书馆无障碍服务文献调研(2000.1.1—2023.12.31)

在中国知网学术文献总库内,运用高级检索功能,发表时间限定自2000年1月1日起,到2023年12月31日为止,以"图书馆＊无障碍"OR"图书馆＊残障"OR"图书馆＊残疾人"OR"图书馆＊特殊"OR"图书馆＊弱势"为主题词关键词,进行精准检索,检索出包含学术期刊、特色期刊、学位论文、中国会议论文在内的中文文献共计2 591条记录。经过人工查重、仔细筛选,排除部分与主题相关性较小或篇幅较短且论述缺乏深入性的文献,最终得到2 182条有效记录。

论文主题关键词分析:

借助CNKI数据库自带的可视化分析应用功能,对检索得到的标的记录自动生成主要主题分布图(图4.49)、主题词共现矩阵分析图。(图4.50)

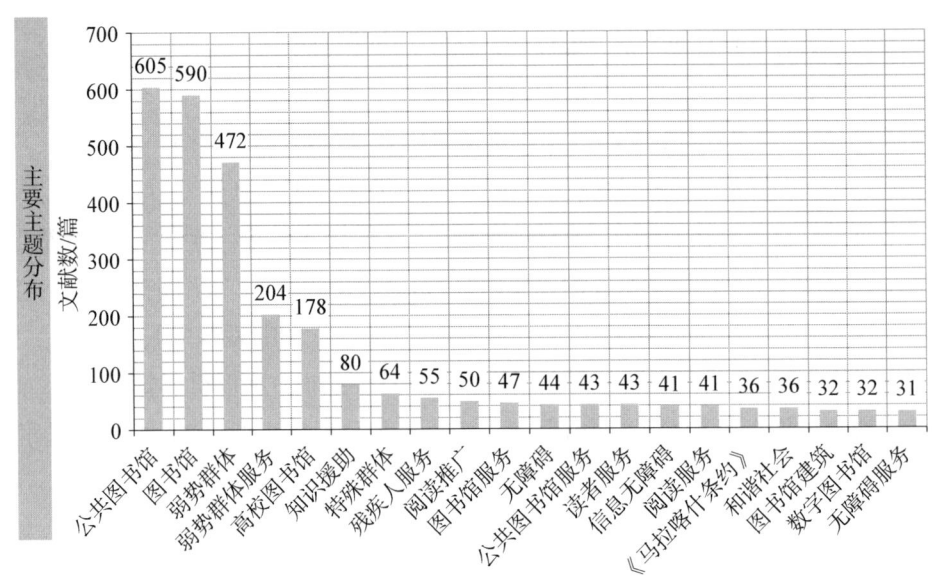

图 4.49 主要主题分布图

从主要主题分布图可见，按词频由高到低排名的前 20 个主题关键词可分类归纳为：图书馆类（包括公共图书馆、图书馆、高校图书馆、数字图书馆）、服务对象类（包括弱势群体、特殊群体）、服务内容类（包括弱势群体服务、残疾人服务、无障碍服务、知识援助、阅读推广、读者服务、阅读服务）、其他类（包括《马拉喀什条约》、和谐社会、图书馆建筑）。

主题词共现矩阵分析图中，发文量 30 篇以上的交叉主题词降序排列如下：

阅读服务—无障碍 194

残疾人服务—阅读服务 178

阅读服务—图书馆服务 145

残疾人服务—无障碍 110

残疾人服务—图书馆服务 52

特殊群体—阅读服务 51

图书馆服务—无障碍 45

弱势群体服务—无障碍 38

特殊群体—图书馆服务 37

信息弱势群体—阅读服务 34

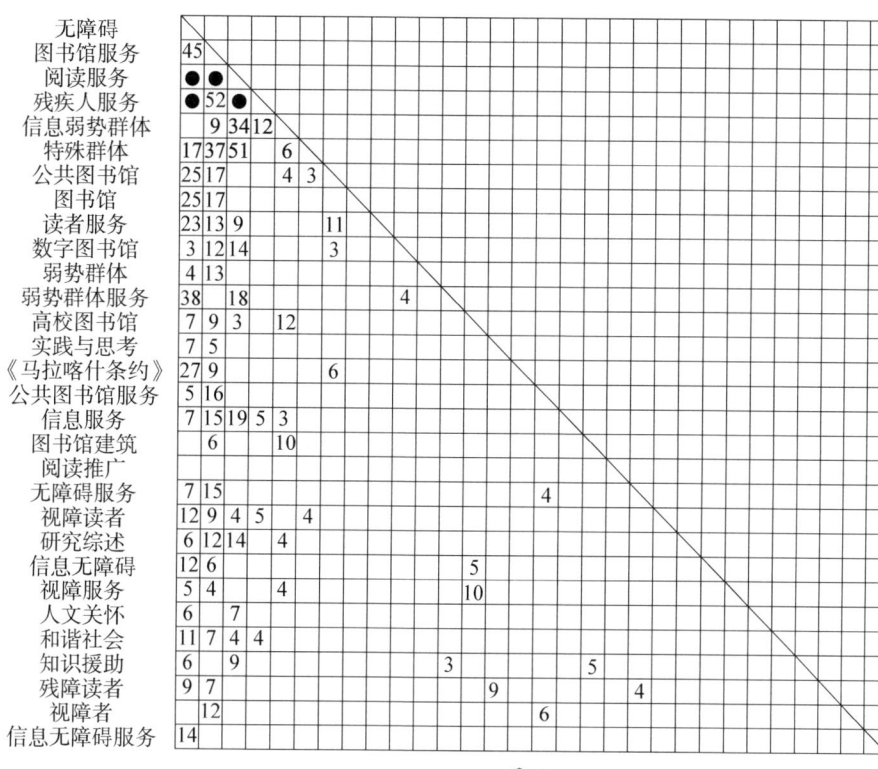

图 4.50　主题词共现矩阵分析图

主要主题分布图、主题词共现矩阵分析图两相结合分析,可以发现中国内地(大陆)公共图书馆无障碍服务相关主题研究的热点,主要集中在图书馆对残障群体(对残疾人、特殊群体、弱势群体的笼统概况)的服务,包括到馆服务、阅读服务、无障碍建设等几个方面。

在文献调研过程中发现,中国内地(大陆)公共图书馆无障碍服务历经 20 多年的发展,积累了丰富的经验,其中不乏各种经典活动、创新项目、优秀品牌的真实案例。对文献内容进行梳理后可以从环境无障碍、信息无障碍、服务无障碍三个方面来概括。

(一)环境无障碍

环境无障碍通常指物理空间内所包含的建筑和设施的无障碍。公共图书馆无障碍环境建设的目标是希望把图书馆打造成一个对于各类残疾人来说,既可通行无阻又易于接近的理想环境。早年的论文中常提及各公共图书馆无障碍设施缺乏或不足,但随着我国无障碍建设相关法律法规的逐步健全,图书馆得到各级地方政府的重视和财政支持,在各自建立新馆或旧馆改造的过程中,都对无障碍设施进行了改造升级。相关研究也从借鉴国外先进经验到分析国内现状,再到分享总结各自建筑设计、空间设计等无障碍建设的经验和案例等。例如,盲人图书馆导向标识系统的构建[16]、图书馆旧建筑的空间再造案例研究与启示[17]、图书馆读写困难儿童空间设计与服务——以 IFLA 最佳实践为例[18]等。

从最近一次有 56 家中国内地(大陆)副省级公共图书馆参与的问卷调研中得到的数据如图 4.51 所示。

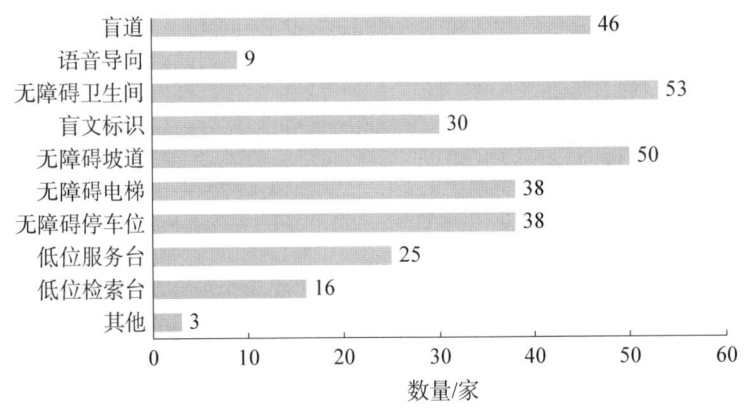

图 4.51 接受调研的公共图书馆无障碍设施情况

可见,在环境无障碍建设方面已经取得很大进步,为残疾人到馆利用馆藏资源创造了便利条件。

近年来,环境无障碍建设的范围在不断扩大,已不仅仅局限于公共图书馆。博物馆、美术馆等公共艺术展览空间、城市文化建筑都在逐渐改善其内部的无障碍环境,相关研究有:我国博物馆对残障人士服务的研究[19]、博物馆建筑室内环境的无障碍流线研究[20]、公共艺术展览空间无障碍环境建设研究——以成都市为例[21]、城市文化建筑无障碍环境设计现状之研究[22]等。

(二) 信息无障碍

关于信息无障碍,中国互联网协会曾经给出这样一个定义:"信息无障碍是指任何人(无论是健全人还是残疾人,无论是年轻人还是老年人)在任何情况下都能平等地、方便地、无障碍地获取信息、利用信息。"而第一届中国信息无障碍论坛(北京,2004年)所给出的信息无障碍概念则更加具体化:"所谓信息的获取和交流的无障碍主要是指公共传媒应使听力、言语和视力残疾者能够无障碍地获得信息,进行信息交流,如影视作品和电视节目的字幕、解说、电视手语、盲人有声读物等。这里的公共传媒主要是指电子信息媒介,如广播、电视、移动通信、网络等通信手段或设备。"根据上述概念可以将信息无障碍的内容划分为两个主要范畴:一是电子和通信技术无障碍;一是网络信息无障碍。[23]

那么在公共图书馆信息无障碍的研究中,大致有三个研究热点。一是从残疾人享有信息无障碍权利的法律角度进行理论研究,或对涉及影视作品、有声读物的法律规范及其实施方法围绕着《马拉喀什条约》展开,例如,有声读物著作权的合理使用研究[24]、《马拉喀什条约》框架下我国图书馆阅读障碍群体服务探讨[25]等。二是围绕图书馆无障碍网站建设,以专业工具进行检测分析,或从技术角度出发,研究内容包含一些专业性比较强的计算机应用程序、代码之类,例如,我国市级公共图书馆面向残疾人的网站无障碍建设研究[26]、公共图书馆网站无障碍信息技术研究与实践[27]等。三是结合新兴技术、前沿科技探讨公共图书馆未来信息无障碍服务模式的研究,例如,面向公共图书馆残障群体服务的VR和AR技术应用[28]、全智慧图书馆——元宇宙成为实现途径[29]等。

(三)服务无障碍

随着公共图书馆无障碍建设的日益改善,服务对象也在逐渐发生变化,从单一为视障读者服务,慢慢扩展到听障读者、肢残读者、智力残疾读者,以及其他阅读障碍者等。在此前提及的问卷调研中,56家接受调研的公共图书馆为视障读者群体以外的残疾人服务数据如图4.52所示。

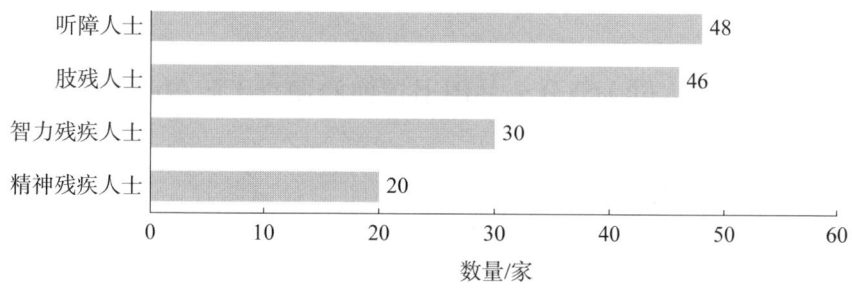

图4.52 接受调研的公共图书馆提供残疾人服务的情况

中国内地(大陆)公共图书馆服务涵盖了更多残疾人,提供的服务设备也在增多,从单一助视设备到盲文点显器、盲文刻印机、盲用电脑、电动轮椅、助听器等等。公共图书馆无障碍服务不仅有到馆线下服务,如基础的馆藏资源借阅、参加各类培训、活动,也有远程通过物流、电话或网络来实现的服务,如送书上门、访问图书馆网页等;而馆藏资源除了传统的纸质书刊,也有基于物理载体的有声读物、无障碍电影等都可以提供借阅服务;参观、讲座、口述影像、人声朗读之类更多是以线下到馆的活动方式来开展服务;移动设备、网络设备的使用技能则通过开设培训班,以教学方式来帮助残疾人学习、掌握技能。可以说服务方式多种多样,一些图书馆在长期开展服务的过程中逐渐形成自身特色,广受好评。例如,视障人士口述影像服务的实践与思考——以广州图书馆为例[30]、点亮心灯——记浦东图书馆视障者服务[31]。一些图书馆借鉴国外经验,打造属于自己的服务品牌。例如,公共图书馆品牌策划研究——以"阅读·温暖——佛山视障读者关爱行动"项目为例[32]、基于苏州图书馆"我是你的眼"服务品牌的视障读者活动赋能探析[33]。还有图书馆结合当地特色历史文化背景,寻求社会资源跨界合作,展开融合教育活动。例如,"行走阅读,触摸历史"公共图书馆视障儿童研学课程设计探索[34]。

综上所述,中国内地(大陆)公共图书馆在为残疾人创造学习条件、提供接受教育的机会,提供便利化、人性化的服务,消除数字鸿沟,保障残疾人平等地享有社会文化服务,促进残疾人融入社会生活,推动社会无障碍建设发展进程等方面都做出了不懈努力。但随着时代的进步、科技的发展,残疾人的文化需求也在日益增长变化,公共图书馆无障碍服务也要随之而变,我们的馆员在服务过程中应当思路打开、眼界放宽,发挥主观能动性,创新服务模式,才能不断解决新的问题,迎接新的挑战。

二 中国内地(大陆)部分公共图书馆问卷调查无障碍服务情况

(一)公共图书馆无障碍设施情况

在56家接受调研的公共图书馆中,有46家公共图书馆设置盲道,占82.14%;有9家公共图书馆设置语音导向,占16.07%;有53家公共图书馆设置无障碍厕所,占94.64%;有30家公共图书馆设置盲文标识,占53.57%;有

50 家公共图书馆设置无障碍坡道,占 89.29%;有 38 家公共图书馆设置无障碍电梯,占 67.86%;有 38 家公共图书馆设置无障碍停车位,占 67.86%;有 25 家公共图书馆设置低位服务台,占 44.64%;有 16 家公共图书馆设置低位检索台,占 28.57%;有 3 家公共图书馆设置其他无障碍设施,占 5.36%,分别为电动轮椅、轮椅梯升降。(图 4.53)

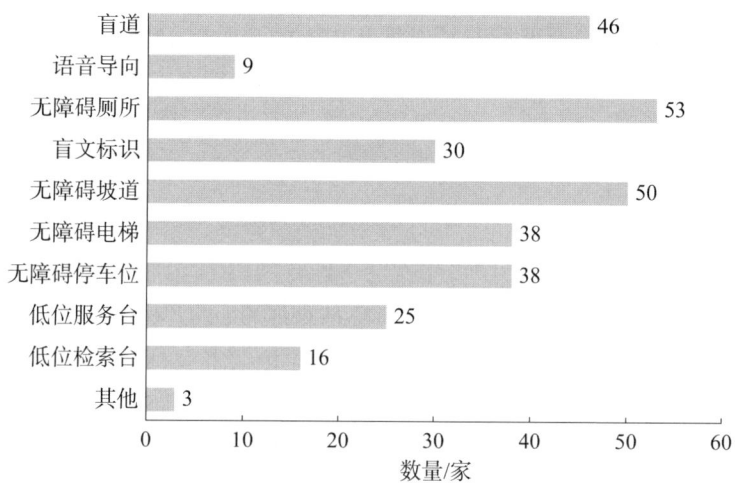

图 4.53 接受调研的公共图书馆无障碍设施情况

(二)公共图书馆年服务残障读者的情况

在 56 家接受调研的公共图书馆中,有 55 家公共图书馆除视障读者以外,还为其他残障读者提供服务,占 98.21%;有 1 家公共图书馆没有为其他残障读者提供服务,仅为视障读者提供服务,占 1.79%。(图 4.54)本次调研中,绝大部分的公共图书馆除了面向视障读者提供服务,面向非视障类的其他残障读者也提供服务。

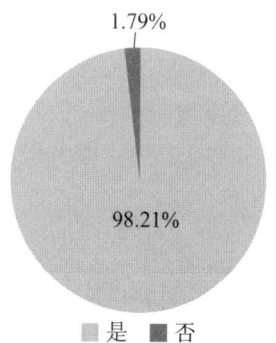

图 4.54 接受调研的公共图书馆提供残障服务的情况

1. 服务人群

在 55 家提供残障服务的公共图书馆中,有 48 家公共图书馆为听障读者提供服务,占 87.27%;有 46 家公共图书馆为肢残读者提供服务,占 83.64%;有 30 家公共图书馆为智力残疾读者提供服务,占 54.55%;有 20 家公共图书馆为精神残疾读者提供服务,占 36.36%。(图 4.55)

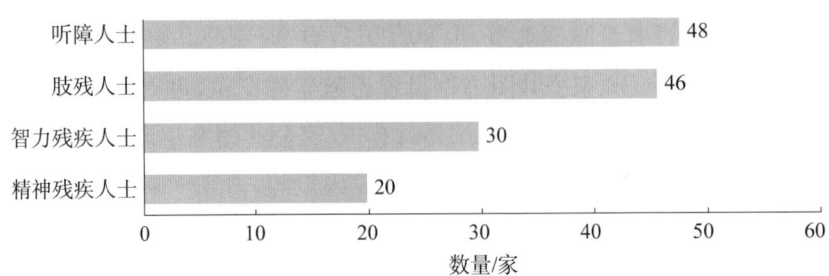

图 4.55 接受调研的公共图书馆提供残障服务人群的情况

2. 服务类型

在 55 家提供残障服务的公共图书馆中,有 41 家公共图书馆为残障读者提供文献代查服务,占 74.55%;有 26 家公共图书馆为残障读者提供文献代借服务,占 47.27%;有 32 家公共图书馆为残障读者提供送书上门服务,占 58.18%;有 44 家公共图书馆为残障读者提供组织活动服务,占 80.00%;有 1 家公共图书馆为残障读者提供其他服务,占 1.82%,为手语服务。(图 4.56)

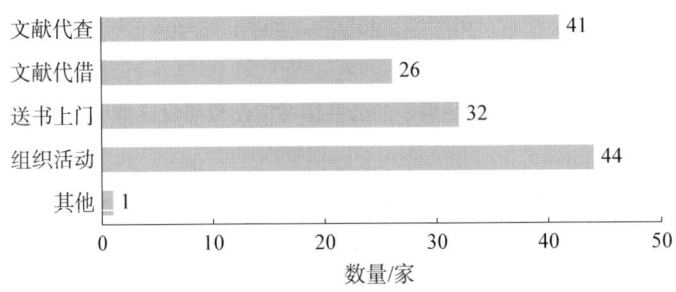

图 4.56 接受调研的公共图书馆提供残障服务类型的情况

与本次调研中的视障服务类型相比,文献代查服务占比提升了 3.12%;文献代借服务占比下降了 27.73%;送书上门服务占比下降 4.32%;组织活动服务占比下降 0.36%。(表 4.5)说明为听障、肢残等非视障读者提供的服务以文献代查和组织活动为主,而在借阅服务和送书上门方面,主要针对视障读者。

表 4.5 各类无障碍服务内容占比

视障服务类型	占比/%	残障服务类型	占比/%
信息咨询服务	71.43	文献代查	74.55
借阅服务	75.00	文献代借	47.27

续表

视障服务类型	占比/%	残障服务类型	占比/%
送书上门	62.50	送书上门	58.18
读者活动	80.36	组织活动	80.00

3. 年服务残障读者的人次

在 55 家提供残障服务的公共图书馆中,每年服务残障读者的平均人次为 3 014 人次。其中年服务 0~100 人次的有 15 家,占 27.27%;年服务 101~500 人次的有 13 家,占 23.64%;年服务 501~1 000 人次的有 9 家,占 16.36%;年服务 1 001~2 000 人次的有 10 家,占 18.18%;年服务 2 001~10 000 人次的有 6 家,占 10.91%;年服务 10 000 人次以上的有 2 家,占 3.64%。(图 4.57)

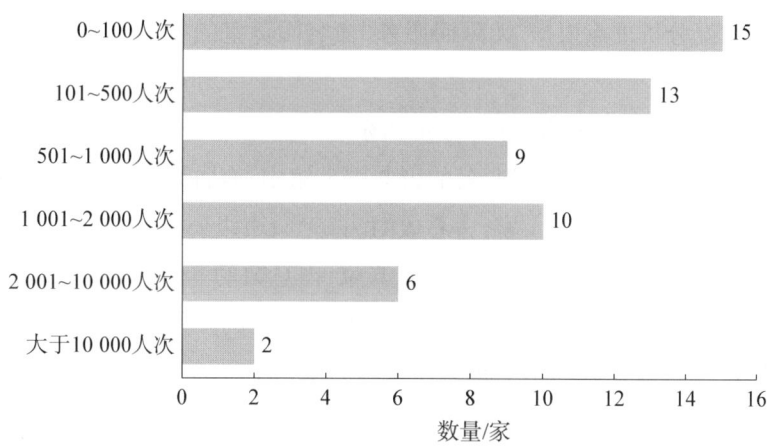

图 4.57　接受调研的公共图书馆年服务残障读者的人次

每年服务听障、肢残等非视障读者的平均人次为 563 人次。其中年服务 50 人次以下的有 28 家,占 50.91%;年服务 51~200 人次的有 10 家,占 18.18%;年服务 201~1 000 人次的有 9 家,占 16.36%;年服务 100 人次以上的有 8 家,占 14.55%。(图 4.58)

(三)以"无障碍服务"命名的公共图书馆调研情况分析

在 56 家接受调研的公共图书馆中,阅览室(区)以"无障碍"命名的有 8 家,其名称分别为无障碍阅览室(4 家)、无障碍阅览中心(1 家)、无障碍阅览区(1 家)、无障碍服务中心(1 家)、无障碍电子阅览室(1 家);阅览室(区)的名称为残

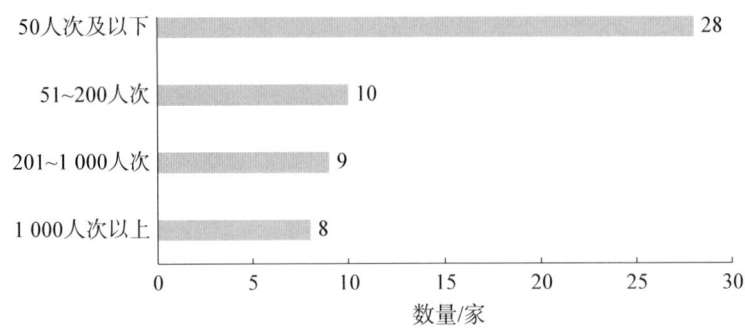

图 4.58　接受调研的公共图书馆年服务听障、肢残等其他残障读者的人次

障(人士)阅览室的有 4 家,其名称分别为残障人士阅览室(2 家)、残障人阅览室(1 家)、残障阅览室(1 家);阅览室(区)的名称为特殊群体服务区有 1 家。其余 43 家公共图书馆中,有 38 家以视障服务命名阅览室,其余 5 家以其他命名阅览室。以下情况分析重点根据"无障碍服务"命名阅览室的 13 家公共图书馆为研究对象。

1. 公共图书馆无障碍服务基本情况分析

在 13 家以"无障碍服务"命名的公共图书馆中,有省级图书馆 7 家,占总数的 53.85%;副省级图书馆 1 家,占总数的 7.69%;市级公共图书馆 5 家,占总数的 38.46%。位于华东地区的图书馆有 5 家,占总数的 38.46%;位于华北地区的图书馆有 2 家,占总数的 15.38%;位于华中地区的图书馆有 2 家,占总数的 15.38%;位于西南地区的图书馆有 1 家,占总数的 7.69%;位于西北地区的图书馆有 2 家,占总数的 15.38%;位于东北地区的公共图书馆有 1 家,占总数的 7.69%。建馆年数在 0~5 年(含 5 年)的图书馆有 1 家,占总数的 7.69%;建馆年数在 6~10 年(含 10 年)的图书馆有 1 家,占总数的 7.69%;建馆年数在 10 年以上的图书馆有 11 家,占总数的 84.62%。(表 4.6)

表 4.6　以"无障碍服务"命名的公共图书馆基本情况分析

基本情况		数量/个	占比/%
图书馆所属级别	省级图书馆	7	53.85
	副省级图书馆	1	7.69
	市级图书馆	5	38.46
地区分布	华东地区	5	38.46

续表

基本情况		数量/个	占比/%
	华北地区	2	15.38
	华中地区	2	15.38
	西南地区	1	7.69
	西北地区	2	15.38
	东北地区	1	7.69
建馆年数	0~5年(含5年)	1	7.69
	6~10年(含10年)	1	7.69
	10年以上	11	84.62

2. 阅览室(区)情况分析

在13家以"无障碍服务"命名的公共图书馆中,阅览室(区)的平均面积为185平方米,其中面积最大的为824平方米,面积最小的为30平方米。阅览室(区)的面积在100平方米及以下的有5家,占38.46%;面积在101~500平方米的有7家,占53.85%;面积在500平方米以上的有1家,占7.69%。阅览室(区)的座席平均数量为26个,其中座席数量最多的为50个,座席数量最少的为4个。阅览室(区)的座席数量在10个及以下的有2家,占15.38%;座席数量在11~20个的有4家,占30.77%;座席数量在21~30个的有2家,占15.38%;座席数量在31~40个的有3家,占23.07%;座席数量在41~50个的有2家,占15.38%。楼层分布方面,阅览室(区)设置在一楼的有10家,占76.92%;设置在二楼的有2家,占15.38%;设置在三楼的有1家,占7.69%。开放时间方面,阅览室(区)的每周平均开放时间为49.69小时,每周开放时间最长的是72小时,最短的是27小时。阅览室(区)的每周平均开放时间40小时及以下的有4家,占30.77%;每周平均开放时间在41~60小时的有7家,占53.85%;每周平均开放时间在60小时以上的有1家,占7.69%。(表4.7)

表4.7 以"无障碍服务"命名的公共图书馆阅览室基本情况分析

基本情况		数量/个	占比/%
阅览室面积	100平方米及以下	5	38.46
	101~500平方米	7	53.85

续表

基本情况		数量/个	占比/%
	500 平方米以上	1	7.69
座席数量	10 个及以下	2	15.38
	11~20 个	4	30.77
	21~30 个	2	15.38
	31~40 个	3	23.07
	41~50 个	2	15.38
楼层分布	1 楼	10	76.92
	2 楼	2	15.38
	3 楼	1	7.69
每周开放时间	40 小时及以下	4	30.77
	41~60 小时	7	53.85
	60 小时以上	1	7.69

3. 工作人员情况分析

在13家以"无障碍服务"命名的公共图书馆中,工作人员为专职人员的图书馆有4家,占30.77%;工作人员为兼职人员的图书馆有5家,占38.46%;工作人员为专职和兼职人员的图书馆有1家,占7.69%;工作人员为专职和志愿者的图书馆有1家,占7.69%;工作人员为专职、兼职人员和志愿者的图书馆有2家,占15.38%。学历方面,大专及以下学历的图书馆有5家,占38.46%;本科学历的图书馆有11家,占84.61%;研究生及以上学历的图书馆有3家,占23.07%。(表4.8)

表4.8 以"无障碍服务"命名的公共图书馆工作人员情况分析

基本情况		数量/个	占比/%
工作人员结构	专职	4	30.77
	兼职	5	38.46
	专职、兼职	1	7.69
	专职、志愿者	1	7.69
	专职、兼职、志愿者	2	15.38

续表

基本情况		数量/个	占比/%
学历情况	大专及以下	5	38.46
	本科	11	84.61
	研究生及以上	3	23.07

第三节 中国内地（大陆）公共图书馆无障碍服务发展面临的问题及发展建议

一、中国内地（大陆）公共图书馆无障碍服务面临的问题

本书调研数据显示，经过长期努力，中国内地（大陆）公共图书馆的无障碍服务专业化程度有所提升，基础设施不断完善，对特殊群体的人性化关怀和包容性发展理念不断普及，对于支持特殊群体参与知识共享提供了便利。无障碍服务的基础设施、"软""硬"环境都在持续优化中。

但从公共图书馆长远发展，如何更好地为残障读者提供优质服务、提升残障读者服务体验和获得感来说，公共图书馆的无障碍服务还存在很多问题需要去解决。

（一）经费支持不够，限制了无障碍服务发展

通过调研发现，公共图书馆视障读者服务及无障碍服务的投入都在阅览室建设之初，地方财政或专项资金会予以较充裕的资金支持；但后续服务的运维开支，是缺乏经费支持的。此次调研中，有19家馆负责残障服务的馆员因不清楚残障服务具体的投入经费填写了"不详"，有19家馆投入经费低于10万元（不含10万元），还有一家图书馆填写的金额为0。

残障服务尤其是视障服务，因涉及特殊馆藏资源建设，特殊人群个性化服务、免费服务，这些都需要人、财、物的投入，才能保障服务开展。调研中发现，很多馆建立无障碍阅览室都配备了先进的设备，但当这些设备投入为残障读者服务的实际操作过程中，就需要有耗材、运维的费用。比如盲文刻印机，如果能为读者免费刻印盲文资料，就必须有盲文刻印纸的采购需求，设备出现故障要有维

修经费。如果为残障读者开通图书免费邮寄、快递到家服务,就需要有邮寄的经费。如果中间任何一个环节有所缺失,都会导致无障碍服务很难做好。

(二)人员配备不足,馆员专业素养有待提高

通过调研发现,被调研的 56 家图书馆,其中有 25 家没有配备专职无障碍服务馆员,这 25 家图书馆大都是兼职馆员加志愿者服务模式,其中有 2 家图书馆仅靠志愿者负责运维。特殊人群服务是对馆员有较高要求的,需要馆员具备专业信息素养,还需要能熟悉特殊人群心理,对特殊人群的阅读需求有更多研究,兼职馆员身兼数职,无法静心去做专项学习研究;志愿者又缺乏图书馆员信息素养背景,无法较好地为残障读者提供阅读服务。即使有专职馆员的图书馆,专职馆员的专业素养也需提升,包括与残障读者的沟通技巧、熟悉提供给残障读者的专用设备的使用和操作、对残障读者服务主动的思考和实践的探索等。

(三)服务存在短板,无法满足残障读者的基本阅读需求

通过调研发现,随着我国对于残障人士服务的法规体系的完善,从 21 世纪初开始,中国内地(大陆)公共图书馆陆续推出了针对残障人士,尤其是阅读障碍最大的视障人群的阅读服务。但在不少图书馆视障服务只是配备了一些盲文文献、有了一些盲用设备、为残障读者打造一些阅读活动,但实际的服务效能却不是很高。以被调研的 56 家馆的年均服务残障读者人次数来看,低于 100 人次的有 15 家馆,占比 26.79%;低于 1 000 人次的有 37 家,占比 67.86%。这些馆都有举办各类残障读者活动,去掉参与活动的人次数,享受公共图书馆日常服务的人次就更少。这个分析结果与上文文献服务数量较 2016 年调研数据有小幅下降是一致的。

公共图书馆阅读服务是最传统的基础业务,阅读推广服务是为了促进阅读。造成现在图书馆活动有残障读者参加,但阅读资源类服务却下降的情况,最主要的原因是公共图书馆为视障人士提供的资源内容过于陈旧滞后、数量不足,无法满足视障读者的需求。如明盲文对照本、音像资料等资源受限于出版资源无障碍格式不足、受众对象单一、播放设备更新换代等原因,服务与需求不匹配。当社会热播某个影视剧,视障读者到公共图书馆来咨询是否能提供相应的电子书、是否能提供相应影视剧的无障碍版本时,公共图书馆很难第一时间提供相关资源。另一个原因是虽然调研发现相较于 2016 年数据,被调研各馆都有对残障服务的宣传,但宣传力度和效果还存在不足。很多公共图书馆的残障服务不易被有需求的残障人士所知晓。

公共图书馆服务存在的另一个短板是无障碍环境短板。此次调研的56家公共图书馆中,馆舍建设超过10年的有45家。《无障碍环境建设条例》2012年8月1日实施,地方无障碍环境建设条例晚于2012年,《中华人民共和国无障碍环境建设法》2023年9月1日刚刚生效,馆龄超过10年的公共图书馆大部分没有超前考虑到无障碍环境建设,无法达到现行《中华人民共和国无障碍环境建设法》的要求。这使得残障读者无法无障碍入馆,均等享受公众文化服务。

(四)数字化服务能力不够,无法跟上残障读者均等化获取信息的需求

数智时代,网络、人工智能的快速发展,对残障群体而言是机遇也是挑战,计算机技能在他们获取信息的道路上是助力也是障碍。如何帮助他们适应数字化社会变化,维护他们均等地获取信息的权利是摆在公共图书馆面前的新课题。

提升残障群体数字化生活能力,一是需要教会他们使用电子设备,二是需要为他们建立无障碍网络服务平台。调研发现,手机培训班、电脑培训班是图书馆帮助残障读者提升数字阅读能力的服务项目,但在设备和师资力量上各公共图书馆实力高低不一,目前也只能根据自身条件进行配置,有待进一步升级。被调研的56家图书馆有26家馆还未开展电脑、手机培训。关于图书馆主页无障碍改造、打造残障群体专门的无障碍数字服务网站方面,目前中国内地(大陆)仅有极少数图书馆提供相关服务。公共图书馆数字化服务能力落后于残障读者的需求。

(五)新技术服务能力不强,研究仅停留在理论层面

中国内地(大陆)部分学者关注到虚拟现实技术、元宇宙等前沿科技赋能公共图书馆无障碍服务,但也仅在理论层面开展了相关研究,未见实际落地案例。例如,郭亚军等在阐述虚实融合的图书馆元宇宙时曾设想了这样的场景——"线下公共图书馆也会提供数量与质量优化的实体资源和虚拟资源,用户只需要表达出自己的需求或使用手势,图书资源便可以在有声读物、盲文书籍、屏幕播放等多种形式之间自由转换,简化了信息获取流程。"[35] 储节旺等认为:"另一种服务方式是建立元宇宙中的智慧图书馆,实现残障人士居家借阅书籍。"[36]

二 中国内地(大陆)公共图书馆无障碍服务发展建议

(一)借鉴他山之石

中国港台地区及国外公共图书馆,相较中国内地(大陆),更早为残疾人提供

无障碍服务,经过几十年的发展,在环境无障碍、特色服务、特殊人群服务理念、对残障人士平等对待方面都有不少宝贵经验,值得中国内地(大陆)公共图书馆学习借鉴。

1. 在图书馆规划和开放的各阶段重视建设无障碍环境

调研发现,在被调研的中国港台地区及国外公共图书馆中,有3家在图书馆规划建设时期就充分关注特殊群体需求,无障碍服务能更好地在新建的图书馆里融合落地,能更好地匹配残障读者的特殊需求。1家公共图书馆在过去几年中进行了多项无障碍改善工程,虽然建筑最初没有考虑无障碍需求,但经过多轮改造,使图书馆环境更具包容性,让残障读者能自由方便地使用公共图书馆。

大阪府立图书馆为视障者在馆内外必经道路铺设盲道,为残障读者在图书馆内和馆外的无障碍通行提供便利。伯明翰无障碍委员会参与伯明翰图书馆整个设计过程,伯明翰图书馆整体建筑的色彩对比都经过仔细考虑,在整个建筑的厕所和电梯里设置了盲文和浮雕标志,方便视障人士触摸使用。新加坡榜鹅区域图书馆建设规划时与大量残障人士交流,根据他们的需求加入了更多无障碍设施,实现了对残障人士的针对性服务。都柏林市图书馆推进无障碍改善工程,包括重新粉刷和使用高对比度的颜色,帮助视障者减少访问图书馆中遇到的障碍。

香港公共图书馆提供以下无障碍设施:自动门、可发出视听信号的紧急警报系统、无障碍洗手间、无障碍电梯、低台面服务柜位、辅助听力的感应回路系统、直立式自助借书机、座台式自助服务机、无障碍电脑设施等。其他多个图书馆也配有可升降阅览桌。

2. 提供精准化服务,提高残障读者获得感

在对中国港台地区及国外公共图书馆调研分析的过程中发现,许多公共图书馆的无障碍特色服务很难简单归纳为同一类。许多公共图书馆根据读者需求和城市特点形成了精准和特别的无障碍服务特色。

在民众普遍热爱音乐的巴塞罗那拥有大量知名的音乐厅和歌剧院,巴塞罗那图书馆启动了用盲文标记和收藏音乐的试点项目。纽约公共图书馆馆藏包括托马斯·杰斐逊亲笔撰写的《独立宣言》草稿、威廉·莎士比亚等人的原创作品等珍贵历史藏品。[37]纽约公共图书馆创立尺寸实验室视障特色空间,与馆内数字团队合作,将公元前2500年的楔形文字的照片转化为3D模型,帮助视障者感受纽约公共图书馆珍贵的馆藏。

纽约公共图书馆在92个地点所有的课程和活动中为听障读者提供美国手语口译或字幕服务。听障读者可以在3家图书馆的4个服务点获得辅助听力设备，在7家图书馆的13个服务点使用辅助听力的感应回路系统。旧金山公共图书馆的主图书馆设有聋人服务中心，该服务中心馆藏重点是聋人文化、历史和其他相关主题，有大量关于美国手语、聋人文化、口译、育儿、听力损失、耳聋和其他相关主题的书籍、杂志、视频和DVD为听障读者提供服务。哥伦比亚特区公共图书馆专门为聋人社区提供服务，服务内容包括人·动物·爱活动、各类手语服务、添加字幕、辅助听力系统——会议室的感应回路系统、在图书馆借阅使用个人助听系统。

3. 细节服务凸显人文关怀，为残障读者提供均等化服务

对中国港台地区及国外公共图书馆的调研发现，有部分图书馆在对残障人士服务过程中，注重服务细节，通过细节服务的提升，努力提高图书馆的可访问性，为残障人士可以均等地访问图书馆创造条件。

哥本哈根图书馆参与向日葵计划，患有隐性残疾的读者，通过佩戴向日葵挂绳，可以获得额外的支持和帮助。馆员看到佩戴向日葵挂绳的读者，不会询问读者有什么诊断和残疾，但一定会主动询问如何能以最佳方式为读者提供服务和帮助。

榜鹅区域图书馆提供让特需者平复情绪的私人空间"静心舱"，特需者可在灯光柔和的房间放松心情。在榜鹅地区图书馆，残障读者可以寻找标有紫色心形图标的空间，这些空间将优先供残疾人使用。

4. 关注残疾少年儿童指引与服务，提升孩子生活技能与培养阅读习惯

在被调研的中国港台地区及国外公共图书馆中，有图书馆特别关注到了残疾少年儿童的需求，根据他们的学习需求和阅读需求，提供专门的特殊服务。

如纽约公共图书馆的安德鲁·海斯克尔盲文和有声读物图书馆，会为视障学生提供6种早期盲文和触觉识字工具包，去引导学生完成触觉意识、模式匹配、线路跟踪、盲文识别、字母学习以及包容性活动和游戏，来提高视障学生的触摸、线路跟踪、盲文识别能力。此类特色服务充分考虑到了视障少年儿童的生活能力提升需求。日本大阪府中央图书馆特别关注视障儿童的阅读需求，组织志愿者为视障儿童开设视觉障碍儿童文库，定期为视障儿童举办读书会活动，馆员还会为视障儿童制作明盲文对照本，充分考虑了视障儿童的阅读需求，激发视障儿童的阅读兴趣。

新北市立图书馆针对小学生，提供"幸福阅读学习相伴"课后陪读服务。该服务对于包括有身心障碍的孩子在内的弱势学童优先受理。在榜鹅区域图书馆，智力残疾学生可以参与玩具图书馆的打理，并协助访客使用里面的设施。在曼彻斯特图书馆，有经验丰富的英国手语讲故事人以视觉方式为听障儿童呈现流行儿童故事。都柏林市图书馆让孤独症儿童通过参与感官活动，以帮助他们刺激大脑、创建神经通路和改善感觉处理系统，提高社交技能。都柏林市图书馆还为有阅读障碍、视障儿童和阅读困难的7~11岁儿童提供采用辅助技术的杂志和阅读笔，帮助他们学习阅读。库洛克图书馆举办孤独症孩子活动，为患有孤独症和发育障碍的孩子提供在感官友好的环境中与家人和朋友一起玩耍和学习的机会。

5. 提供真人朗读服务，满足视障读者不同需求

在被调研的中国港台地区及国外公共图书馆中有不少图书馆保留了真人朗读服务。在20世纪中叶，因为没有太多科技手段，很多公共图书馆最初为视障读者提供真人朗读服务，随着技术的发展，公共图书馆更多提供的是有声读物、带朗读功能的听书设备。但很多到公共图书馆寻求阅读帮助的视障读者，可能是年长的老人，真人朗读服务能满足不同年龄残障读者的需求。调研发现，在老龄化严重的日本，不少公共图书馆都提供当面朗读图书资料的服务，朗读内容包括馆藏文献、读者信件等。台北市立图书馆的启明分馆，是台湾第一家为视障者服务的公共图书馆，至今保留了提供免费读报专线电话，可以依视障读者需求进行读报服务。这些服务之所以能长时间保留，还是因为有读者需求。

6. 建立无障碍网络服务，方便残障读者使用公共图书馆数字资源

随着信息技术的发展，通过网站无障碍建设与改造，缩小残障读者的信息鸿沟。此次被调研的中国港台地区及国外公共图书馆中，有不少图书馆为残障读者提供无障碍网络服务，让他们能更方便获取到所需阅读资源。

比如，温哥华公共图书馆，有阅读障碍的温哥华居民可以使用国家公平图书馆服务网络（NNELS）下载电子书和有声读物。悉尼公共图书馆，视障读者、听障读者、肢残读者可以在线访问图书馆的全部数字资源，包括电子书、电子有声读物、电子杂志、电子报纸、音乐和电影。台北市立图书馆视障电子图书馆提供线上有声书、点字书等资源。

（二）苦练自身"武功"

通过查阅文献、问卷调查、数据分析发现中国内地（大陆）公共图书馆对残障

人士提供的无障碍服务、为视障人士提供的视障服务,从形式、内容、力度上都有了长足发展。但从实际服务效能来看,还无法满足残疾人日益增长的社会文化服务需求。公共图书馆作为社会公益性文化服务机构,要努力跟上国家无障碍社会建设的步伐,为残疾人平等地参与社会活动,营造友好、包容、共享的无障碍环境,提供均等、通用、无差异的文化服务,还需要努力苦练自身武功。

1. 深化馆藏资源体系,加强特色馆藏资源建设

要提升视障读者服务,盲文资源建设尤为重要。一方面可以通过中国盲文出版社配置已出版的盲文图书、盲文期刊、明盲文图书、各种介质的有声读物来建设基础馆藏。《马拉喀什条约》在中国生效,为图书馆积极探索自有资源建设,满足视障读者个性化需求创造了条件。如各馆都有阅读推广讲座、分享活动,相关内容是否可以制作成音频资源,供视障读者听。用 AI 技术合成音频类新闻,满足不会使用智能设备的视障人群听新闻的需求。

2. 加大社会合作途径探索,提升服务效能

要做好残障读者服务,单靠公共图书馆一己之力,服务效果、影响力都有限。被调研的中国港台地区及国外公共图书馆中,有一半以上的图书馆通过合作为残障读者提供服务,其中有图书馆内部跨部门合作,有与社会机构的合作,也有与政府部门的合作。通过合作,能借助各方优势,为残障读者提供更为丰富的文化娱乐活动和贴合残障读者需求的活动。

中国内地(大陆)公共图书馆要努力寻求社会合作伙伴,依托各自资源优势,以提升残疾人文化服务为目标,共同去策划、组织活动内容。如图书馆无法自产盲文资源数字格式,可以寻求出版社的合作,由出版社提供图书的电子版,图书馆利用工具转换成有声电子书为视障人群服务。活动方面,可以与志愿者团队合作,实现无障碍电影讲解;与社会公益机构合作,带残障人士走进图书馆参观,了解图书馆服务,进而享受图书馆服务。通过社会合作,整合各方资源,提升图书馆无障碍服务效能。

随着技术的进步,残障读者的辅助设备不断推陈出新,残障读者作为弱势群体,无法第一时间获取相关信息,体验相关设备。公共图书馆可以作为服务桥梁和纽带,服务主动向前一步,联系设备厂商,举办体验活动、采购体验设备,让更多残障读者可以在公共图书馆体验到新的设备。

3. 重视无障碍环境的改造与建设,提升残障人士到馆均等服务体验

近年来公共建筑无障碍建设引起社会各界越来越多的重视,除了国家层面

的无障碍标准,很多省市也有了地方性的无障碍环境建设和管理办法。

在公共图书馆少有视障读者、肢残读者出现,缺乏合理的无障碍设施是最为主要的原因。公共图书馆在改扩建或建新馆之初,只需要提前筹划,向工程设计单位提出无障环境要求,严格参照相关标准,就能打造符合规范要求、适应残障读者需求的无障碍环境。没有改建和建设新馆计划的图书馆,要从残障读者需求本身出发,通过局部功能改造,实现无障碍环境建设。比如可以打造低位检索台、方便轮椅进入的悬空服务台、提供升降阅读桌、升降自主借还设备、建设无障碍厕所、改造电梯语音提示等,从而切实提升残障读者到馆的服务体验。

4. 加强专业馆员队伍建设,提高专业服务水平

培养具备专业知识、高素质的馆员队伍,是做好残障服务的有力支撑。公共图书馆要做好无障碍服务,首先要选择合适的人。有爱心、有耐心、有同理心的馆员,较为适合无障碍服务岗位。

其次,应加强对馆员的培训与指导,提高其信息素养专业能力,进而提升残障服务水平。比如为馆员提供学习手语、心理知识、沟通技巧的机会,以期能提高无障碍服务的专业水平。

5. 探索馆际合作交流途径,提升全国无障碍服务效能

一个馆的力量总是有限的,在提升公共图书馆无障碍服务效能方面,需要全国各馆加强交流和合作。不仅能交流服务经验,更重要的是在《马拉喀什条约》实施后,各图书馆要努力推进无障碍资源的交换,以实现无障碍资源的共享。这个方面中国盲文图书馆有很好的实践经验,也在努力推进馆际合作项目的落地。各公共图书馆应积极配合、形成合力,来促进这一让广大视障读者获益的项目的有序发展。

6. 提供数字服务,帮助残障读者跨越数字鸿沟

在信息技术快速发展的今天,怎么让残障读者跟上技术的发展,借助先进的科技手段帮助残障读者跨越数字鸿沟,更加便捷地通过网络获取信息,享受到科技带来的生活便利,是公共图书馆无障碍服务未来努力的方向。

公共图书馆一方面需要找到合适的师资资源,为残障读者开设免费的智能手机使用、电脑使用培训课程;另一方面需要努力加速网络无障碍化改造,立足于为残障读者建设无障碍数字图书馆、无障碍移动图书馆,让残障读者能均等享受到信息化服务带来的便利。

第四节 本章结语

本章主要梳理了中国内地(大陆)公共图书馆开展无障碍服务情况,并分析了内地(大陆)公共图书馆无障碍服务面临的问题,针对面临的问题提出了发展建议。

通过 CNKI 的文献调研、全国 56 家公共图书馆问卷调研,对中国内地(大陆)公共图书馆的视障服务、无障碍服务两个维度的发展历程及基础情况进行调研及数据分析。

在文献调研、问卷调研、对比调研的基础上,分析了中国内地(大陆)公共图书馆无障碍服务面临的问题,并结合第三章中国港台地区及国外部分公共图书馆的无障碍服务好的经验及做法,对中国内地(大陆)公共图书馆无障碍服务提出了发展建议。希望在今后,中国内地(大陆)公共图书馆能从有为残障读者提供无障碍服务,向为残障读者提供更高质量的无障碍服务迈进,让公共图书馆无障碍服务得到更好的发展。

本章参考文献

[1] 湖南省公共图书馆共同愿景[J]. 图书馆,2006(2):29.

[2] 朱永华,徐莉莉. 我省公共图书馆发布"长沙愿景"[EB/OL]. (2006 - 03 - 22)[2024 - 04 - 06]. https://news.sina.cn/sa/2006-03-22/detail-ikkntiam6691671.d.html? from=wap.

[3] 陆宁. 大学图书馆视障群体关怀的实践——以南京市无障碍图书馆为例[J]. 图书馆界, 2015(5):42 - 45. DOI:10.14072/j.cnki.tsgj.2015.05.011.

[4] 董晶. 视障儿童无障碍文化服务建设的高质量发展——以中国盲文图书馆盲童阅览室为例[J]. 传媒论坛,2022,5(8):97 - 100.

[5] 刘博涵,刘弘毅,王薇. 日本国立国会图书馆残障读者服务的现状及启示[J]. 山东图书馆学刊,2016(5):36 - 40.

[6] 朱海英. 俄罗斯盲人图书馆阅读推广活动探析[J]. 河南图书馆学刊,2014,34(3):36 - 38.

[7] 华芮. 公共图书馆面向残障读者的阅读推广服务研究[D]. 福建师范大学,2018.

[8] 唐晓娟. 盲人数字图书馆的构建研究[D]. 浙江师范大学,2011.

[9] 师宝玉.数字图书馆盲人阅读服务思考与研究[J].河南图书馆学刊,2020,40(6):107-109.

[10] 郭芸芸.从图书馆角度认识《马拉喀什条约》中的"发展条款"[J].河南图书馆学刊,2021,41(11):123-125.

[11] 舒睿.《马拉喀什条约》与图书馆相关的研究概述[J].残疾人研究,2022(3):75-78.

[12] 陈化琴.盲用有声读物适用著作权限制与例外制度研究[J].肇庆学院学报,2023,44(6):22-26,86.

[13] 崔汪卫.《马拉喀什条约》对图书馆无障碍服务的影响与立法建议——兼析《著作权法(修订草案送审稿)》无障碍服务条款[J].图书馆建设,2018(8):9-15.

[14] 张婷,李梦茹.《马拉喀什条约》视角下国内公共图书馆数字有声读物无障碍服务的完善路径[J].重庆理工大学学报(社会科学),2023,37(5):141-149.

[15] 张瑞芹.公共图书馆视障数字阅读服务探索——基于《马拉喀什条约》实施的视角[J].图书馆学刊,2023,45(9):75-78.

[16] 刘玮.盲人图书馆导向标识系统的构建[J].河南图书馆学刊,2013,33(2):124-125.

[17] 毛望平,束漫.图书馆旧建筑的空间再造案例研究与启示[J].图书情报工作,2022,66(14):37-48.

[18] 苏福,洪芳林,毛望平.图书馆读写困难儿童空间设计与服务——以 IFLA 最佳实践为例[J].图书馆论坛,2022,42(6):106-119.

[19] 李孟洋.我国博物馆对残障人士服务的研究[D].辽宁大学,2021.

[20] 韩颖.博物馆建筑室内环境的无障碍动流线研究[D].东南大学,2016.

[21] 李琦.公共艺术展览空间无障碍环境建设研究——以成都市为例[D].成都大学,2023.

[22] 曾欣慰.城市文化建筑无障碍环境设计现状之研究[D].广东工业大学,2019.

[23] 孙祯祥.构建无障碍网络信息环境的研究[J].图书情报工作,2008,52(9):5.

[24] 王树鑫.有声读物著作权的合理使用研究[D].中南财经政法大学,2021.

[25] 李鹏.《马拉喀什条约》框架下我国图书馆阅读障碍群体服务探讨[J].图书馆界,2022(6):6-11.

[26] 赵亚南.我国市级公共图书馆面向残疾人群的网站无障碍建设研究[D].郑州航空工业管理学院,2022.

[27] 王晔斌,谷啸岳,曹芸,等.公共图书馆网站无障碍信息技术研究与实践[J].图书馆杂志,2014,33(7):78-82.

[28] 丁家友,郭欣宜.面向公共图书馆残障群体服务的 VR/AR 技术应用[J].图书馆论坛,2021,41(10):60-68.

[29] 储节旺,李佳轩.全智慧图书馆——元宇宙成为实现途径[J].图书情报工作,2022,66(9):33-39.

[30] 陆秋洁.视障人士口述影像服务的实践与思考——以广州图书馆为例[J].图书馆界,2020(6):33-37.

[31] 段宇锋,徐红芳,王灿昊.点亮心灯——记浦东图书馆视障者服务[J].图书馆杂志,2018,

37(8):30-35+42.

[32] 柯静.公共图书馆品牌策划研究——以"阅读·温暖——佛山视障读者关爱行动"项目为例[J].山东图书馆学刊,2023(3):84-89.

[33] 杨利清.基于苏州图书馆"我是你的眼"服务品牌的视障读者活动赋能探析[J].内蒙古科技与经济,2023(10):143-146.

[34] 程欢,任瑞华."行走阅读,触摸历史"公共图书馆视障儿童研学课程设计探索[C]//中国盲文出版社,国际视障教育学会(ICEVI),亚洲防盲基金会(AFPB).国际视障教育研讨会论文集.陕西省图书馆,2023:7.

[35] 郭亚军,张鑫迪,寇旭颖,等.元宇宙赋能公共图书馆无障碍服务:壁垒突破、体系构建与路径研究[J].图书馆论坛,2024,44(2):20-31.

[36] 储节旺,李佳轩.全智慧图书馆——元宇宙成为实现途径[J].图书情报工作,2022,66(9):33-39.

[37] New York Public Library. About The New York Public Library [EB/OL]. (2024-02-05)[2024-01-26]. https://www.nypl.org/help/about-nypl.

(韩嬿、周佳琳、谢影)

第五章

上海图书馆无障碍服务探索与发展

第一节 上海图书馆视障服务

上海图书馆在全国公共图书馆中,较早开始探索为残障读者提供个性化阅读服务。上海图书馆以保障残疾人基本文化权益、丰富残疾人文化生活为目的,不断创新文化助残服务载体,努力牵手残疾人走进图书馆,共享公共文化成果,不断引入新技术和专业服务团队,满足广大残疾人日益增长的文化需求,努力把上海图书馆建设成为残疾人的精神家园。

一 残疾人阅读服务初尝试

20世纪80年代,上海图书馆接到一份请求,一位身患强直性脊柱炎的重度残疾作者、翻译家,想要查阅图书馆的资料。这位特殊的读者,就是后来被称为"翻译界的保尔·柯察金"的王志冲先生。这之后,上海图书馆与王老结缘30多年。

王老15岁就因病致重残,下肢完全僵直,不能弯曲也不能走路,卧床60多年,但他身残志坚,凭着顽强意志笔耕不辍,60余年来他翻译创作了近百万字作品,著有《不是神童也成才——我与命运抗争》《还你一个真实的保尔:尼·奥斯特洛夫斯基评传》《尼·奥斯特洛夫斯基传》,译有《钢铁是怎样炼成的》《地球女孩外星历险记》《入地艇》《独闯金三角》《大战微型人》等。

王老与上海图书馆结缘后,因其身体原因,自己很难到图书馆查阅资料,上海图书馆的馆员从20世纪80年代就开始为他送书上门。他写作、翻译图书需要的参考资料,联系馆员后,馆员利用自己业余时间,帮他把需要的资料送到家。

上海图书馆搬迁至淮海路后,这项服务也没有间断。最早为王老送书的第一代馆员退休前,把给王老送书的工作交接给了住在王老家附近的第二代馆员。每次王老需要借什么书,都会先查询好目录,然后联系送书馆员,馆员帮他借好书,送过去,并取回需要归还的图书。第二代馆员接手这个任务后,为王老送书一送就是十几年。第二代馆员临退休前将给王老送书的接力棒交到了当时年轻馆员手中。第三代馆员上下班骑车会经过王老家,利用下班时间为王老送书。王老因下身不能动弹,他写作创作时,会将自己固定在特制的椅子上,努力笔耕。每次王老联系馆员需要借什么书,馆员都会尽快借好,第一时间送到王老家,怕耽误王老查资料。每次把书交到王老手中,王老总是高兴地说:"感谢图书馆员们,给我送来了精神食粮。"第三代馆员给王老送了4年书后,因故无法继续这项工作,就交接给第四代馆员。这位馆员风雨无阻为王老送了13年书,哪怕后来搬家,自己家距离王老家很远,他就利用中午休息时间去给王老送书。第四代馆员一直送到了2022年,王老因病离世前。四代图书馆馆员,接力了30多年,助力身残志坚的残疾作家、翻译家王志冲先生的创作之路。

除了为王老送书30多年,早期上海图书馆还帮助脑瘫大学生完成硕士、博士学业,协助视障读者完成本科自考,成为全国第一个获得英语口译资格认证并通过上海市速录考级的盲人。在上海图书馆正式推出视障服务之前,是通过馆员结对服务,为有需要的残障读者提供借阅帮助。这是上海图书馆为残疾人提供服务的最初的尝试。

二 上海图书馆视障服务

在中国内地(大陆)公共图书馆中,上海图书馆较早考虑视障读者需求的特殊性,于2001年5月,推出了盲人阅览区,提供馆内盲文图书阅览、听有声读物服务。最初的盲人阅览区坐落在上海图书馆淮海路馆综合阅览室的一个角落里,有3个盲人读者的专座,配备了听书用的台式CD、录音机,阅览区有部分盲文图书和磁带。从 2001 年开始，上海图书馆开始不断探索针对盲人读者的视障服务。

（一）盲文馆藏资源建设与人才队伍建设

1. 盲文馆藏资源建设

视障读者因其视力不好，不能阅读正常图书，在所有类型的残障读者中阅读障碍最大，因此公共图书馆需要为其提供盲文图书和有声读物。上海图书馆在开展视障读者服务之前，馆藏是没有盲文文献资源的。在 2001 年，为更好地为视障读者开展服务，上海图书馆开始了盲文文献的馆藏建设。

最初上海图书馆的盲文文献资源包括：盲文资源和有声资源。盲文资源方面采购了盲文图书和盲文杂志，有声资源方面采购了磁带。盲文版图书，中国内地（大陆）基本由中国盲文出版社出版，内容比较局限，为了更好地满足视障读者需求，上海图书馆对于盲文读物馆藏采购政策是除教材之外，应采尽采。

有声读物的采购，是随着技术的发展不断变化的。从介质来分，有声资源增加了 CD、DVD、MP3 光盘、MP3 格式有声电子书等。从有声资源内容上来分，有歌曲、古典音乐、交响乐、戏曲、讲座、故事等。为满足不同视障读者的需求，采购以需求为导向，故事类居多，但兼顾音乐、戏曲、文化讲座等需求。随着时代的进步与发展，之后增加了无障碍电影、有声数据库资源等。

截止到 2024 年 7 月，上海图书馆提供借阅的盲文图书共计 9 040 册，明盲文对照本 569 册，CD 等音像制品约 30 391 件；可供视觉障碍者点播的各类讲座 120 部，无障碍电影 1 126 部。

2. 人才队伍建设

2001 年推出视障服务前，上海图书馆对于从事视障服务的馆员做了选拔，一名做事认真细致有耐心的馆员被挑选出来从事视障服务。当时因为业务刚开展，这名馆员平时从事视障读者服务，周末一线服务口人手紧张的时候回到服务柜台工作，也就是说，上海图书馆的视障服务馆员最初是兼职从事视障读者服务的。随着视障读者服务业务不断拓展，这名馆员开始专职从事视障读者服务，到 2006 年，又增加了一名兼职馆员配合做服务。

上海图书馆最初设置了盲人阅览区，随着视障服务业务量不断拓展，到馆视障读者人数不断增加，几经努力，开辟了一个 30 多平方米的视障阅览室。视障阅览室建成后，配备了 2 名专职为视障读者提供服务的馆员。

2017年上海图书馆东馆奠基动工,做残障读者服务规划时,考虑将视障读者服务拓展为无障碍阅览室,除了为视障读者服务,还为听障读者、肢残读者等其他残疾类型读者提供阅读服务。为此,增加了一名懂手语的馆员。目前,上海图书馆无障碍阅览室配备了5名专职馆员,为残障读者提供各类无障碍服务。

(二) 借阅服务

1. 免费邮寄盲包服务

盲人阅览区开放后,因为仅提供馆内阅览,加之新开服务,视障读者知晓率较低,实际到馆来阅读的视障读者并不多。在与上海市盲人协会、上海市残疾人联合会调研沟通后发现,视障人士因为眼睛不好,很多人出门不方便,他们希望图书馆能够为视障读者提供邮寄到家的服务。

2002年,上海图书馆联合上海市残疾人联合会、上海市邮政公司,在市中心的黄浦区、卢湾区、徐汇区,为注册的26名视障读者,提供免费邮寄盲文资料服务,率先在全国公共图书馆界推出了视障读者免费送书上门服务。之后该服务不断拓展,先拓展到市区6个区,97名注册视障读者,再拓展到200多名读者;到2007年,该服务覆盖上海全部区县,注册视障读者达到1 000多人。

上海图书馆为开通该服务提前做好了准备工作:申请了一条直线专线电话,并配备了录音电话,当时因为只有一名工作人员兼职从事视障服务,录音电话方便视障读者来电可以留言,馆员听到留言后回复读者或根据他们的需求准备盲文文献。为了让视障读者能知道图书馆馆藏有哪些盲文资源,上图制作了盲文版目录及有声版目录。盲文版目录请上海市盲童学校校办厂将盲文图书、有声读物目录制作成了盲文的目录,方便懂盲文的视障读者使用。有声版目录,由馆员录制了有声版的目录,制作成磁带母带,采购了磁带翻录机,再自制出有声版目录。之后随着技术的发展,听书设备的更替,有声版目录也由磁带改成了光盘目录。有声版目录是提供给不懂盲文的视障读者,让他们通过听,可以知晓图书馆有哪些盲文馆藏可以外借。

有盲文资料外借需求的持视力残疾证的读者,可以向自己所在区盲人协会申请,汇总到市盲人协会后,名单交由上海图书馆为申请读者办理一张虚拟读者证(有办证信息,但考虑视障读者特殊性,不提供实体证),相关办证信息由上海图书馆保存,用于为视障读者借盲文书、借有声读物时使用。上海图书馆办理完读者证,将注册名单给市邮政总公司,由邮政总公司,根据盲人读者所在区域,为每一位注册的视障读者,安排一位专门的邮递员,并将邮递员信息及所属邮局的电话汇总给上海图书馆。申请、注册、安排邮递员完成后,上海图书馆负责视障服务的馆员给注册视障读者打电话,告知上海图书馆视障服务专线,以及属地邮局电话,并讲解借书流程:第一次上海图书馆会为视障读者邮寄一份目录,目录有盲文版目录和有声版磁带目录,懂盲文的视障读者可以选择盲文版目录,不懂盲文的读者可以选择有声版磁带目录。视障读者在收到目录后,可以根据目录选择想要看的盲文书或想要听的有声读物,拨打上海图书馆视障服务专线,告知服务馆员需要借什么盲文资源。馆员收到信息后,帮视障读者办理盲文文献外借手续,之后把盲文资料放进定制的盲包里,盲包上有视障读者的家庭地址、姓名、电话,然后通知邮局到图书馆收发室来收取盲包。邮局通过全市邮政系统,由属地专属邮递员把图书馆的盲包送到视障读者手中。视障读者看完/听完盲文资源后,拨打属地邮局电话,请专属邮递员上门收寄回图书馆的盲包。(图5.1)盲包通过邮政系统送回图书馆,就结束一个借还周期。这样的服务方式,视障读者只需要知道两个电话号码(图书馆的视障服务专线、属地邮局服务电话),就可以足不出户方便地完成盲文资源的借还。

图5.1　邮寄盲文图书和有声读物的盲包

这个服务一经推出,就得到了视障读者的欢迎。在当时的环境下,上海图书馆的免费邮寄盲包服务,成了很多视障读者的福音,丰富了他们的精神生活。有一位一直借有声资源的读者,他原本是深度近视,后因妻子重病去世,他因劳成疾,最终失明。妻子去世后,失明的他独自带着年幼的孩子生活。为节约生活成本,他们家没有电视。上海图书馆提供的免费邮寄磁带服务,成了他们精神文化生活的一部分。爸爸每次收到邮递员送来的磁带,都舍不得听,要等到孩子放学回家,写完作业,父子俩一起听。在很长的一段时间里,上海图书馆的有声读物不仅为这位视障爸爸提供了精神食粮,也陪伴着孩子的一路成长。再后来,每到寒暑假,馆员在给爸爸邮寄有声读物时,会附上上海图书馆讲座的门票,让孩子能到上海图书馆听讲座。最后,这位孩子在社会各界的关爱和帮助下,在图书馆各类文化资源的供养下,考上了大学,毕业后考上了公务员。直到现在,孩子还经常会带着爸爸到图书馆来参加活动、听讲座。

上海图书馆经过二十多年的探索与实践,通过邮政、快递等服务方式,免费为视障读者邮寄服务累计送书 1.4 万余人次,提供盲文图书、有声读物 5 万余册/盒(该数据截止到 2022 年初)。

2. 听书设备外借服务

2009 年,视障专用听书机面世。上海图书馆第一时间采购了 100 台中国盲文出版社推出的阳光听书郎。2010 年,上图又率先推出阳光听书郎外借服务。服务一经推出,100 台机器当月就全部外借一空,还有很多视障读者排队等待借听书机。上海图书馆制定了听书机外借服务政策,规定听书设备借期 2 个月,续借最长 4 个月,4 个月后需要归还。如果有其他读者排队等待,按排队顺序外借,有需要继续借的读者也可以预约排队,等轮到会有馆员电话通知到馆借机器。因视障读者外借需求不断增加,之后上海图书馆每年都追加预算增购新的阳光听书郎听书机投入服务中。截至 2017 年底累计购入 642 台阳光听书郎供视障读者免费外借,外借数量近 9 000 台次。2017 年,中国盲文图书馆牵头的"盲人数字阅读推广工程"为全国 400 家设有盲人阅览室的公共图书馆配置了 20 万台基于互联网的智能听书机,免费向视障读者提供外借服务,上海图书馆因此增配了 900 台第三代阳光听书郎听书机投入服务。上海图书馆的听书机外借服务再次升级。(图 5.2)

2010 年,上海图书馆推出听书机外借服务的同时,上海市残疾人联合会也推出第一批博朗听书机,配发给部分残疾人。在之后的几年里,市残疾人联合会、市盲人协会也不断增加了博朗听书机的配发,基本惠及全市所有视障人群。视障读者可以选择使用市残疾人联合会配发的博朗听书机,或者选择上海图书馆提供的阳光听书机。有了听书机之后,越来越多的视障读者向图书馆提出希望能拷贝在听书机供听书的电子资源的需求。了解视障读者全新需求后,上海图书馆着力与数字资源厂商沟通特殊需求,引入有声电子书,为视障读者提供有

图 5.2　1—3 代阳光听书郎听书机

声电子读物拷贝服务。随着听书机被越来越多视障读者使用,阳光听书郎听书机外借服务和有声读物拷贝服务,成了之后十几年上海图书馆最受视障读者喜爱的服务。

(三) 信息无障碍服务建设

1. 无障碍电影服务

无障碍电影是为便于障碍人群连贯观影的再加工电影版本,通过在台词与声效间隙增加旁边解说,辅助视障人士知晓画面语言,理解剧情;并通过增配字幕、手语,让听障人士也可以无障碍观影。

2005 年 7 月,北京市红丹丹视障文化服务中心创办了中国第一个专门为盲人讲述电影的民间电影院"心目影院"。2007 年,上海市残疾人福利基金会和上海市盲人协会创办了"为盲人讲电影"志愿者讲解团。上海图书馆也邀请"为盲人讲电影"志愿者为视障读者讲电影,来"观影"的视障读者都非常开心,说终于可以看一次"完整"的电影,并希望上海图书馆可以经常有这样的活动。

视障读者有观影需求,但靠志愿者讲解,产能有限。2009 年,经过需求调研、可行性研究、电影版权沟通等前期准备后,上海市残疾人联合会、上海图书馆、上海市电影评论学会共同成立了"无障碍电影工作室"。将挑选出的优秀电影,由"为盲人讲电影"志愿者团队写旁白剧本,讲解,再配上字幕和手语讲解,最后制作成无障碍版电影光盘。无障碍电影的批量化生产,让更多文化场所播放无障碍电影成为可能,也让更多视障人群和听障人群可以享受到电影艺术欣赏的精神文化服务。

"无障碍电影工作室"制作的第一部片子,是与市场同步上映的《高考1977》,之后又制作了很多上影集团的经典电影《樱桃》《让子弹飞》《简·爱》等;还为视障、听障小朋友制作了动画片电影《大耳朵图图》的无障碍版,并将经典电视剧《儿女情长》制成了无障碍版光盘。上海图书馆作为"无障碍电影工作室"的创始成员,还承担了为上海市各区图书馆配送无障碍电影光盘的工作,以方便视障、听障读者可以就近欣赏或借无障碍电影观影。(图 5.3)上海图书馆的视障阅览室,从 2010 年开始,就固定在每个单月的第一个周三上午,固定时间、固定地点播放无障碍电影,2011 年 4 月,在"说句话儿给党听——2011 年上海市残疾人系列读书活动"启动仪式上,上海图书馆被授牌成为"无障碍电影放映点"。最

图 5.3 无障碍工作室制作的无障碍电影

初推出这项服务时,馆员需要给经常来图书馆的视障读者打电话,告知电影播放时间。随着该项服务被越来越多的视障读者知晓,后续再有活动,馆员无需再通知,视障读者都会三五成群,结伴而来。为了不让视障读者走空,每次播放日遇到国定假日,馆员也都加班加点,确保无障碍电影播放。平均每场电影播放有 20 多人,多的时候有 40 多人。定时定点播放无障碍电影一直到 2020 年才暂时中断。目前该项服务又在上海图书馆东馆恢复,让视障、听障读者可以重新走进图书馆观看无障碍电影。

上海图书馆的无障碍电影欣赏活动一直是视障和听障读者最喜欢的活动之一。它不仅丰富了视障和听障读者的文化生活,也让残障人士在文化活动中不断融入社会。

2. 无障碍数字图书馆建设

为了让残疾人更好参与社会生活,倡导全面促进和改善网络信息无障碍服务环境,上海图书馆在上海市残疾人联合会和市财政、市经信委等政府部门的指导和支持下,积极探索新技术在残疾人无障碍阅读中的应用。率先完成了主门户网站的无障碍改造,并建设了国内首个"无障碍数字图书馆"。

2011 年,上海图书馆主门户网站实施了无障碍改造,提供有声网页播放功能,网页内容可看可听,并采用语音合成技术将文字转换为语音。同时网站还配有辅助工具,可以调整对比色、提供添加辅助线、字体放大缩小、页面放大缩小、切换成全文本格式等功能,帮助不同类型的视障读者能方便浏览上海图书馆主页信息。

2011 年 12 月,上海图书馆推出了国内首家省级"无障碍数字图书馆",内容涵盖了有声电子书、上海图书馆讲座视频等数字资源内容,残障读者可以通过上网收听、收看上海图书馆讲座视频资源,在线阅览电子书刊,在线下载有声读物。电子书刊增加了页面朗读功能,讲座增加了字幕,方便视障读者和听障读者收听收看。"无障碍数字图书馆"是国内第一家完全符合无障碍标准的公共图书馆网站,以前虽有其他图书馆推出类似网站,但他们大都服务于单一残障人士,而"无障碍数字图书馆"则率先将为各类残障人士的服务辅助工具整合在主门户网站内,自行开发并提供了包括无障碍辅助工具条、无障碍多媒体播放条、网页内容语音播放、有声电子书阅读器及语音验证码等各类无障碍辅助工具。在不改变正常人访问习惯的同时,将无障碍相关标准融入网站设计中,这在中国内地(大陆)公共图书馆中是首创。"无障碍数字图书馆"自 2011 年 12 月上线至今,累计点击量已超 1 033 万人次(数据截止到 2022 年初)。上海图书馆还与上海市残疾人联合会深度合作,打通残障读者数据,全市逾 42 万残障人士凭残疾证就可以直接登录"无障碍数字图书馆"在线使用,可免费获取 2 058 种无障碍电子书、1 107 部数字化讲座和语音导航等服务,其中电子书的查询、预览、语音导航、内容跟随朗读等全程无障碍阅读亦为全国首创。

2015 年 12 月,上海图书馆配合中国残疾人联合会、上海市残疾人联合会,接待了参加联合国亚太经社会"信息环境无障碍国际研讨会"的官员及与会代表,参与交流和分享了在推动知识以及信息和通信手段无障碍建设方面的经验和体会,上海图书馆的信息无障碍和多元化服务受到了与会代表的一致好评。

(四) 丰富多彩的活动

引领残障人士学习,让残障人士共享文明成果,丰富残障人士的精神文化生活是公共图书馆应尽的社会责任和义务,上海图书馆努力为残障读者提供丰富多彩的活动。

1. 积极探索合作举办各类文化活动

公共图书馆在为残障读者提供更多文化服务时,仅靠自身力量,会有很多瓶颈与困难。如果能寻找更多有共同目标的合作伙伴,会有事半功倍的效果。所在区域的残疾人联合会和各级各类残疾人组织是很好的合作伙伴。

上海图书馆与上海市残疾人联合会及各级残疾人组织携手合作,发挥公共图书馆与残疾人组织各自优势,积极为残障群体搭建文化平台。图书馆也将单一的"送书上门"服务拓展为含征文、演讲、竞赛、才艺展示、读书沙龙等多种形式、内容丰富的文化活动,受到了广大残障读者的欢迎和喜爱。2009 年,上海图书馆与上海市残疾人联合会共同成立"上海市残疾人读书指导委员会",先后开展了"城市,让残疾人生活更美好""书香人生,美好家园""读书·修身"等近十届残疾人读书系列活动。在全市范围推动残障读者阅读活动,丰富他们的文化生活。

上海图书馆还与上海市盲人协会、上海市肢残人协会开展了多年的结对共建,举办不同主题的征文、演讲比赛,每年都能收到逾 200 篇稿件,并邀请专家团队帮助残障读者修改征文、提升演讲技能,选拔优秀作品和选手,代表上海参加全国比赛,并屡获佳绩。上海图书馆无障碍服务团队还积极协助全国助残先进个人、市肢残协会黄吉人组建"黄浦区智力助残团队",组织馆员参与智力助残,为残疾人子女进行义务家教。坚持与上海市残疾人就业服务中心、上海市盲人协会联合举办盲人按摩知识竞赛、盲人中医基础知识竞赛等职业技能比赛,帮助残疾人群体学习技能本领。与残疾人寄养园上海悦苗园结对服务,除了关心他们日常生活,还帮助他们多次在上海图书馆举行联合义卖活动,将所得经费全部作为残疾人的劳动工资。2015年,将上海市残疾人训练康复基地作为上海图书馆的服务点,针对他们的需求,送书并送讲座进康复基地。针对残障群体的活动内容,从引领读书学习拓展到帮助他们走向社会。读书活动不仅促进了残疾人参与社会活动的积极性,同时也增强了残疾人的自信心。(图 5.4)

图 5.4　市残疾人指导委员会向各区残联代表赠送《上海市残疾人读者指导手册》

2. 从视障读者需求出发举办各类活动

上海图书馆除了与外部合作,每年会根据视障读者需求出发,策划组织各类活动。

(1)"爱眼日"讲座

在全国"爱眼日"举办爱眼、护眼讲座活动,邀请著名眼科医生来为视障读者讲解如何爱护自己的眼睛、如何避免眼睛受到伤害、如何处理眼睛受到的意外伤害等问题。还针对视障人士的特殊性,着重讲了视障人士应该在日常生活如何去保护、保健眼睛,使眼睛度数不再加深。由于主题内容贴合视障读者的实际需求,讲座受到视障读者欢迎,讲座内容结束后,视障读者还与专家互动,咨询关心的问题。

(2) 民乐欣赏会

视障读者群体中,有不少喜欢听民乐的。有视障读者提出希望能有专业的老师,给他们讲解应该怎么来欣赏民乐。为此,上海图书馆邀请了上海音乐学院博士生,举办了一场民乐欣赏会。主讲老师为活动做了充分的准备,准备了十几首大家耳熟能详的民乐,有古琴独奏《梅花三弄》、民乐合奏《春江花月夜》、二胡独奏《二泉映月》等,边放曲目,边给读者讲解。读者听得也很认真、很投入,在老师讲解的过程中还不时进行提问。老师就他们的问题做出了回答,整个活动现场的气氛十分活跃。时间在美妙的旋律中很快就过去了,很多读者还感觉到意犹未尽。在活动结束后,参加活动的读者反馈觉得老师讲解得很好,经过老师的讲解他们收获很大。主讲老师也表示这些视障读者的热情让他很受感动,以后如果还有类似的活动他还愿意来参加。

(3) 专场心理健康讲座

为了关注视障读者的身心健康,向视障读者广泛宣传健康知识,上海图书馆视障阅览室邀请了心理专家为视障读者举办了专场心理讲座。心理专家从阐述健康的定义着手,引出心理健康的重要性。运用日常生活中的例子给视障读者讲述了如何能够拥有充沛的精力;如何提高身体的应变能力,能适应外界环境的变化;还针对视障读者的特殊性,着重讲述了如何才能用积极的态度乐观地面对生活中的各种问题。讲座结束后,读者提问相当踊跃,问题涉及如何自我调节心理、子女教育、抑郁症用药、残疾人的恋爱等很多方面。对于视障读者提出的问题,专家都一一作出了解答,现场的气氛也十分活跃。

(4) 视障人士专用新设备体验展

2011年,随着技术的发展,出现不少视障专用设备,为了让视障读者能对视障专用设备有所了解和体验,上海图书馆联合设备厂商,举办了为期一周的视障人士专用新设备体验展。

展览展出了阳光专业型全彩助视器、远近两用智能电子助视器、最新研发的视障专用电脑、盲用盲文点显器、一键式智能阅读器、手持式电子阅读器、盲人用听书机等目前国内外最新的视障人士专用设备。一位从浦东川沙赶过来的盲人按摩师,在体验完一键式智能阅读器(扫描完图书直接朗读出来)后,激动地说:

"我很早就设想是不是能有这样一个设备,能让我听到最新的书,没想到现在已经有这样的设备了。"一位盲校的学生在听朋友说上海图书馆有视障专用设备展览后,特地从学校请了假,让他妈妈和阿姨陪着来图书馆参观。他充满好奇地体验盲文点显器,他说:"有了点显器这种设备,我以后用电脑就不用老戴着耳机听语音提示了,我摸盲点就能方便使用电脑了。"还有几位视障人士是在QQ群上知道上海图书馆在办盲用设备展览,结伴来做体验的。在使用过台式、手持式助视器后,他们兴奋地说:"希望你们能多办这样的展览,现在市面上的盲用设备几乎都没有实体店面,残疾人用品商店出售的也都是肢残人使用的设备。你们的展览为我们搭建了一个很好的平台,让我们能够亲身体验到盲用设备。"

(5) 面对面读书活动

面对面读书活动一直是深受视障读者欢迎的活动形式。为视障读者读书的人员有志愿者、馆员。他们经过精心选择,为视障读者选择最新的各类主题内容图书,用真人朗读的形式,为他们朗读图书的精彩内容。(图 5.5)每次活动结束,视障读者还会跟志愿者、馆员互动交流,并对活动提出宝贵的建议。有些读者希望多听些传记类的文章或者新出版的书籍;有些视障读者希望这样的活动

图 5.5 志愿者为视障读者面对面读书

不只是能听到书的内容，还希望志愿者能分享书背后的故事；有些读者希望能选一本书，不只是读一段，而是能在以后每期的活动中一直读下去。

（6）文艺活动

除阅读活动之外，为了丰富视障读者的文化生活，提供交流学习的平台，上海图书馆还为视障读者举办各类文艺活动，有个人唱歌比赛、乐器比赛、讲故事比赛、诗歌朗诵比赛、英文朗读比赛等。（图5.6）每次活动会邀请专家评委，除了做评选工作，还给予视障读者一些专业的点评、指导，教他们一些技巧，提升视障读者的水平。

图5.6　盲人朗诵比赛

（五）信息化技能培训

随着计算机和智能手机的普及，经常有读者来咨询上海图书馆是否有盲人电脑培训或智能手机使用培训。有培训需求的大都是中老年视障读者，外面很难找到相关的培训班，他们希望图书馆能提供相应的服务，让他们有机会到图书馆来学习相关技能。

上海图书馆在有了专门的视障阅览室之后，场地条件得到了改善。阅览室布局就考虑了配备视障读者学习使用电脑的区域。之后在找到合适的培训老师后，就开始开设盲人电脑培训班初级和中级课程，还开设了盲人手机培训班。视障读者可以通过电脑培训学习如何使用电脑打字、聊天、浏览网页；通过手机培训班学习基本的手机设置，打电话发短信，使用 QQ、微信等聊天工具，如何使用手机叫车等技能。

电脑培训班和手机培训班，培训老师也是视障人士，这样能确保操作电脑和智能手机都是在不用眼睛看的使用状态。因为视障老师是全盲的，为了教学效果更好，2~3 名视障学员还配备 1 名辅助老师，辅助老师一般不是全盲，能在教学过程中学员遇到问题及时予以帮助。一般初级班设置 10 节课，每周 1 节课，确保每节课教学内容学员能有一定的操练消化时间；中级课程设置 12 节课。在教学期间，每周固定一个下午，学员可以到图书馆来操练，现场会有一名辅助老师提供咨询和帮助，这有助于学员巩固所学内容。

很多视障读者在图书馆学会了如何操作电脑、如何使用智能手机，不少学员学习完初级课程后，还希望图书馆能提供进阶的中级课程。也有全市不少视障读者慕名来申请参加课程。因为淮海路馆的视障阅览室场地比较小，每次课程只能有 5~6 名学员参与电脑课程，10 名左右视障读者参与手机培训课程。在后续上海图书馆东馆无障碍阅览室 123 平方米空间布局做规划的时候，就充分考虑了扩充电脑培训座席数量，增加沙龙区域，可以做手机培训、交流活动等。

从 2001 年开始残障服务初探索，到后续服务不断升级拓展，二十多年来，上海图书馆的助残工作也得到了社会的充分肯定，获得了多项殊荣，如"上海市扶残助残先进集体""盲人阅读推广优秀单位""上海市志愿服务先进集体""上海市助残志愿者先进集体""上海读书节'优秀项目'奖"等荣誉。

第二节　上海图书馆东馆环境无障碍建设

上海图书馆东馆 2021 年建成，2022 年投入使用。整个建筑设计、服务规划远早于《中华人民共和国无障碍环境建设法》实施的 2023 年 9 月 1 日。但由于馆领导的重视、负责无障碍服务规划的团队认真的调研，较有前瞻性地提出了无障碍环境建设的要求和建议，筹建团队的着力推进，使得上海图书馆东馆整体无障碍建设基本能满足《中华人民共和国无障碍环境建设法》《上海市无障碍环境建设条例》对于无障碍服务的要求。

第五章　上海图书馆无障碍服务探索与发展

一 淮海路馆无障碍服务的短板

上海图书馆淮海路馆筹建于 20 世纪 80 年代末，建成于 1996 年。当时国内对于无障碍服务的认识刚起步，公共设施建筑规划设计基本没有考虑无障碍设施。随着无障碍服务认识的深入，国家关于无障碍服务的政策法规不断出台，已建成的建筑只能在原有的条件下来增设无障碍设施。

上海图书馆正门有一层楼高的大楼梯，底下到达电梯层也有三级台阶，为了能实现通行无障碍，在 G 层入口处增设了一处无障碍通道。由于现场环境空间有限，这个无障碍通道有一个直角转弯，但转弯空间很小，加之坡道斜坡角度略大，使得坐轮椅通行的读者很难自行上到这个坡道，需要有人帮助才能上坡。

在室内服务场景，最初设计的大理石工作台，都没有考虑低位咨询台、服务台。之后增加的低位检索台和低位人工服务台，因要摆放电脑机箱，没有留出轮椅可以推入的容膝容脚空间。

2001 年最初开始视障服务区的时候，是在一楼综合阅览室普通读者阅览室里，划了一个小小的区域，用一些家具做了隔断，增设了几个视障读者专座。但在很多时候，这个座位是被普通读者占据着的。2014 年，在领导们的关心努力下，才有了一个 30 平方米左右的独立阅览室，但这个空间大小远达不到之后颁布的《图书馆视障人士服务规范》中对于省级图书馆视障服务阅览室要达到 100 平方米的要求。

随着无障碍环境要求的提高，上海图书馆经过局部改造增加的无障碍设施逐渐跟不上发展的需求。2015 年"联合国亚太经社会—中国残联信息无障碍国际研讨会"其中一天会议议程在上海图书馆举办。在会议筹备过程中，就发现上海图书馆建筑的无障碍设施很多都达不到要求。其中具体包括无障碍坡道存在近 90 度的转角，无障碍坡道较窄，轮椅很难自行转角并同行；电梯没有盲文标识、没有语音播报服务；无障碍厕所设施老旧，残疾人使用不便等问题。对存在问题，有些经过局部改造，得以解决，并一直沿用至今，但还有一些设施存在的问题，因环境条件不足，无法进行改造。

上海图书馆淮海路馆几次无障碍设施改造没有解决的无障碍需求，成了上海图书馆领导和无障碍服务团队后续在上海图书馆东馆筹建设计过程中努力的方向。

二、上海图书馆东馆无障碍服务策划

上海图书馆东馆 2017 年 9 月开始奠基，2018 年底上海图书馆成立了各个小组，负责不同主题阅览室的建设、服务规划调研。其中有一个小组负责东馆无障碍阅览室空间布局、服务运营的规划、全馆无障碍环境的规划。

该团队先做了深入的调研，在全国部分省市级图书馆发放了无障碍服务的问卷调研，了解了国内公共图书馆无障碍服务情况；再通过文献调研、网站访问，调研国外图书馆的无障碍服务情况；开展了视障、听障、肢残等残疾人的需求调研，摸清楚残疾人希望在公共图书馆获得哪些帮助；并结合在淮海路馆服务过程中，无障碍服务的短板，梳理出了东馆环境下需要配备哪些无障碍设施；形成了上海图书馆东馆无障碍服务的调研报告和意见建议。

在上海图书馆东馆建设过程中，无障碍阅览室的面积最早规划了 130 平方米，后因自走运输车轨道空间建设，设计方一度要把无障碍阅览室改到 70 平方米左右。无障碍团队根据《图书馆视障人士服务规范》中规定的省级图书馆视障阅览室不小于 100 平方米，与建筑和设计方据理力争，最终在馆领导的支持下，自走运输线路设计略作调整，无障碍阅览室面积保住了 123 平方米。整个无障碍阅览室的空间布局，也充分考虑到残障读者使用电脑、电脑培训的需求，相关座席增加到 10 个。增设了沙龙活动区，配备了可移动桌椅，可以根据不同残疾人、不同活动需要做调整。无障碍阅览室配备了投影，可以满足小型无障碍电影的播放。还配备了各类视障人士专用的设备，包括明盲文转换软件、盲文刻印机，为有需要盲文输出的读者提供免费的刻印服务。

2019 年，在东馆室内装修团队进场前，服务部门和上海图书馆东馆筹建办还专门邀请了全国无障碍环境建设专家委员会专家、上海市无障碍环境建设专家组组长祝长康老师来座谈。听取专家意见，像上海图书馆东馆这样体量很大的公共文化空间，无障碍环境建设在馆员前期调研的基础上，还有哪些需要做到的。在馆员和专家的建议下，上海图书馆东馆无障碍环境建设包括以下内容：每个楼层都配有无障碍厕所，厕所内按无障碍建设规范要求，装有辅助设施；南北门主入口闸机宽度超过 900 毫米，确保轮椅可以方便进入；每个楼层服务台都配有低位服务台，并确保低位服务台下轮椅可以推入，有容膝容脚空间；南门、北门广场配有盲道，并与市政建设的盲道接通，室内盲道可以方便导引视障读者到达一楼服务台和无障碍阅览室,室内盲道走向尽量不影响普通读者的通行;电梯配有盲文提示,按钮确保低位可以触达,无障碍电梯内部配有镜子、低位按钮、语音提示、盲文提示;配备专用的无障碍机动车停车位;各个活动空间有无障碍专用席位;设置可升降自助借书设备等等。

三 东馆开馆前无障碍服务再提升

在经过近两年的施工建设,在东馆竣工验收前,上海图书馆无障碍服务团队和筹建部门再次邀请了祝长康老师,对建设完成的东馆无障碍设施进行检查和指导,还邀请坐轮椅的读者来体验了无障碍环境。

祝老师认真地实地走访了每一处无障碍设施,还随身带着卷尺,测量各种尺寸是否达到《无障碍设计规范》(GB 50763—2012)和《建筑与市政工程无障碍通用规范》(GB 55019—2021)的要求。

祝老师很高兴地看到了2019年他提到的一些无障碍设施都融入了建筑设计和家具设计里。但作为上海市无障碍环境建设专家组组长,他还是很认真地指出了一些不足。比如:地下车库的无障碍机动车停车位应该双向都有1.20米的轮椅通道,并应标有无障碍标志,还应设置引导标识。当时因为标识还未做,这个建议在后续做标识牌的时候得以落实。地下车库的无障碍机动车停车位因为场地空间有限,只做了一边的1.20米的轮椅通道,祝老师检查发现问题后,设计师和物业部门经过充分考虑后,非常智慧地对无障碍停车位置标识做了引导,一根车道引导车头朝外,相邻车道引导车头朝里,这样能确保两个停车位的残障读者可以共用仅有的一边1.20米的轮椅通道。祝老师发现东馆南北门出入口有15毫米的落差,设计师说这个是建筑建造的要求。祝老师提出,在实际的应用场景中,这15毫米的落差可能会使前轮是小轮的轮椅前倾,导致残障读者摔倒。根据祝老师发现的问题,物业部门积极响应,定制了一个15毫米高的斜面,放在南北门出入口落差处,确保轮椅能安全进出。祝老师还沿着广场和室内的盲道都走了一遍,发现有部分盲道在改变方向的时候没有用提示盲道提示,有些提示盲道是跟行进盲道同宽的,不符合标准要求。针对祝老师提出的问题,设计师全程跟着做记录,之后根据相应规范标准做了修改,确保行进盲道改变方向时用提示盲道过渡;行进盲道的起点和终点设置提示盲道,提示盲道的宽度大于行进盲道。祝老师还发现当时东馆整个馆内的标识还没做,特地提醒凡是有无障碍设施处均应设置无障碍标志，无障碍标识要纳入整个图书馆的引导标识系统内。这一点在后续做室内标识系统时很好地被落实了。

祝老师感慨上海图书馆是为数不多的，不等相关机构来检查，自己主动邀请专家来做啄木鸟的单位。在祝老师的帮助指导下，上海图书馆东馆在正式开馆服务前，又对无障碍服务做了改进和提升。

除了邀请专家检查无障碍服务，我们还邀请了坐轮椅的读者来做体验。读者刷卡通过闸机入馆，在可升降自助还书机上归还了图书。根据无障碍标识提示，找到无障碍电梯，低位按钮让坐轮椅的读者也能方便按到电梯，电梯里的镜子帮助他观察背后状态，安全退出电梯；在低位服务台位置读者查询到了自己要找的书，抄下索书号之后，请馆员为他找书，找到想借的图书后，读者在自助设备上完成借书和续借，在消毒机里完成图书消毒。之后进入到阅剧场，那边有一场上图讲座，根据无障碍标识导引，读者进入阅剧场，方便地找到了轮椅席位。整体体验较为流畅，给这位参与体验的残障读者留下了深刻的印象。

四 上海图书馆东馆环境无障碍服务内容

在经过了前期谋划、后期完善，最终在上海图书馆东馆落地的环境无障碍内容有以下内容。

（一）盲道

东馆盲道从南、北广场开始，外部与市政道路盲道相连接。南北广场盲道能通往南北入口。由南北入口进入后，经由盲道，可以到达一楼综合服务台和无障碍阅览室。

（二）入口

东馆南北门主入口闸机宽度超过 900 毫米，闸机挡臂向内开，确保轮椅可以方便进入。南北入口因建筑标准需要有的 15 毫米的高低落差处，做了缓冲斜坡，确保小轮轮椅能顺利进入，不发生倾覆。

（三）无障碍停车位、无障碍标识

东馆地下车库设有 8 个无障碍停车位，有条件的两边各留 1.20 米的轮椅通道，没有条件做双边轮椅通道的，通过地面图标对无障碍停车位置标识做了引导，一根车道引导车头朝外，相邻车道引导车头朝里，这样能确保两个停车位的残障读者可以共用仅有的一边1.20米的轮椅通道。地下车库和馆内标识系统，都做了无障碍标识。残疾人机动车在上海图书馆东馆停车，全天免收停车费。

（四）无障碍厕所

东馆在一楼到七楼每个楼层都建有独立的无障碍厕所，厕所内部按无障碍建设规范要求，在洗手盆位置、便具位置装有辅助设施。

（五）低位服务台和升降设备

东馆每个楼层的服务台及无障碍阅览室都考虑了低位服务台、检索台，且服务台下都留有了容膝容脚空间，方便坐轮椅的读者使用。一楼大厅配备了可升降的自助借还书设备，不同高度读者可根据需求调整设备高度。无障碍阅览室、二楼到五楼阅览室，每一层都有升降桌椅，有需要的读者可以使用。

（六）无障碍电梯

东馆在车库达到大厅、大厅上到各个楼层，都配备了无障碍电梯。无障碍电梯内外都配有低位按钮并配有盲文，电梯内有三面抓杆、语音播报，方便视障读者使用。轿厢内配有反视镜子，方便使用轮椅的读者观察后方情况。

（七）轮椅席位

东馆阅剧场、放映厅、乐享厅、演讲厅几个大小不一的有座席的活动室，都设置了至少一个轮椅席位，方便有需要的坐轮椅的读者参加活动。

东馆建成投入使用后，上海市残疾人联合会的许多残障读者的参观体验活动，都愿意放在上海图书馆东馆。国内有许多要制定地方无障碍条例的兄弟省市，也被专家推荐到上海图书馆东馆来考察市政工程无障碍落地的实践。2023年国内相继又有新的公共图书馆落成，有关注无障碍服务的读者专门拿近几年新建成的几家公共图书馆的无障碍服务做了比对，上海图书馆东馆的无障碍服务总体得到了好评。能获得众多好评，得到读者的充分肯定，与上海图书馆领导、无障碍服务团队、筹建团队对无障碍服务的重视密不可分。

第三节　上海图书馆东馆无障碍服务

上海图书馆东馆正式开馆服务后，上海图书馆无障碍服务也由原本淮海路馆的视障服务拓展到更宽的无障碍服务领域,视障阅览室也更名为无障碍阅览室。

一 无障碍阅览室

位于上海图书馆东馆一楼的无障碍阅览室是上海图书馆东馆无障碍服务的主要阵地,于2022年9月28日正式开放服务,服务时间为周二至周六的10:00—16:00。无障碍阅览室为视障、听障、肢残和部分智力残疾群体提供服务。阅览室门口设有明盲文对照、有凸起盲点的金属导引牌(图5.7),介绍阅览室并指示无障碍电梯、综合服务台和厕所的位置,为视障读者提供指引的同时,也帮助普通读者了解和体验"无障碍"。

(一)馆藏文献与基础服务

无障碍阅览室提供的文献主要是为视障读者提供的盲文文献资源,包括盲文图书、盲文期刊、明盲文对照本等,无障碍电影、DVD、CD、MP3、磁带等盲文有声读物,以及数字资源和听书机。截止到2024年7月,其中实体馆藏资源近4.2万余册(件/部),数字资源总量2.5 TB(含自制讲座内容及目录),听书设备932件。(表5.1)

图5.7 盲文标识导引

表5.1 无障碍阅览室实体馆藏资源

盲文资源类型	单位	数量
盲文书刊	册	9 040
明盲文对照本	册	569
大字本图书	册	848
无障碍电影	部	1 126

续表

盲文资源类型	单位	数量
有声读物（磁带/CD/VCD/DVD/MP3）	件	30 391
实体馆藏合计	册（件/部）	41 974

无障碍阅览室为视障读者提供的基础服务包括：为注册的视障读者提供盲文文献邮寄到家、阳光听书郎听书设备的外借服务、有声读物的拷贝服务、盲文刻印服务等。其中邮寄服务，已由顺丰快递替代邮政网络邮寄，文献在途周转速度更快、效率得到有效提升。之前听书设备外借、有声读物拷贝服务需要视障读者或家属到馆办理相关业务，疫情防控期间尝试用顺丰快递为视障读者借还设备、周转拷贝有声电子书的载体，顺丰基本能保障设备安全。目前只要视障读者有需要，听书设备借还、有声电子书拷贝服务也可以通过快递送到视障读者家中，大大方便了视障读者。

东馆配备了盲文文献刻印机，为了帮助视障读者阅读更加丰富的文献内容，无障碍阅览室为持有本市视力残疾证的读者提供免费盲文文献刻印服务，这是东馆开馆后新增的服务内容。盲文文献刻印服务适用于持有本市视力残疾证的读者。首次使用本服务的读者须到馆并在无障碍阅览室建档。建档后，读者将需要打印的 Word 文档带至无障碍阅览室或者发送至无障碍阅览室的工作邮箱，通过邮箱发送的读者需要致电通知阅览室馆员。馆员收到文档审核后，与读者确认需要打印的文档，由馆员操作设备，将明文通过软件转换为盲文，进行刻印输出。单次刻印输出的盲文总页数不超过 150 页或整书内容的 20%，确认页数后由馆员告知读者大致交付时间及方式。在上海图书馆无障碍阅览室使用盲文刻印机刻印盲文，仅供视障读者自用，严禁读者将盲文材料用作商业用途。盲文由机器转换生成，上海图书馆不对内容正确性作人工审核。刻印所需的专门纸张由上海图书馆免费提供。

其他残疾人如借阅图书有需要，可以在无障碍阅览室寻求帮助。馆员可以代查、代找、代借图书，或调阅主题阅览室的图书在无障碍阅览室阅览，减少残障读者找书的麻烦。

除基础文献借阅服务外，无障碍阅览室还举办无障碍电脑手机培训班、无障碍电影专场、征文活动、知识竞赛等活动。

1. 无障碍电脑、手机培训班

一年两到三期,邀请视障老师及辅助老师授课。学员可以通过无障碍电脑课程学习键盘热键、网页浏览、聊天通讯、阅读听书等基础操作(图5.8、图5.9)。2024年在原有苹果手机培训班基础上,新增了安卓智能手机培训班,以满足使用安卓手机视障读者的学习需求。(图5.10)

图5.8 视障读者无障碍电脑培训

图5.9 馆员与无障碍电脑培训班老师和学员

图 5.10 视障读者手机培训

2. 定期播放无障碍电影

上海图书馆东馆有了专门的放映厅,每个季度固定时间、固定场地,为视障、听障读者播放无障碍电影。放映厅的环境更为舒适,音响效果可以达到专业影厅播放效果,让更多残障读者可以舒适地观看或收听无障碍电影。(图 5.11、图 5.12)

图 5.11 视障读者观看无障碍电影

图 5.12　上海图书馆东馆放映厅播放无障碍电影

有需要的读者也可以在无障碍阅览室借阅无障碍电影光盘。

3. 征文活动、知识竞赛、庆祝国际盲人节活动

继续与上海市残疾人联合会、上海市盲人协会等多家单位合作,每年根据中国残疾人联合会的主题,举办不同主题的各类活动。东馆 2022 年 9 月开馆至 2024 年 10 月共举办活动 11 场。

4. 其他无障碍活动

与上海市残疾人联合会、上海市盲人协会、上海市盲童学校、上海市聋人协会、公益组织等合作,举办各类活动。东馆 2022 年 9 月至 2024 年 10 月共举办活动 19 场。

(二) 专业设施设备

无障碍阅览室配备了 10 台给残障读者学习、使用的电脑,这些电脑安装了读屏软件,方便视障读者使用。阅览室内还配备十几台专用设备供读者使用、体验、参观。

1. 盲文输出设备:适用于会盲文或正在学习盲文的读者

(1) 盲文点显器(图 5.13)

是带有 6 指盲点键盘输入和 40 方点字显示单元的便携式盲文点字显示器。与读屏软件配合使用,将电脑上的明文文字转换成盲文,在点显器上同步显示出

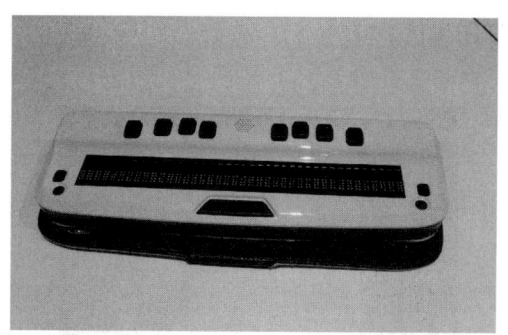

图 5.13 盲文点显器

凸起的盲文,供视障者摸读。视障者可以借助盲文点显器进行电脑操作,盲文点显器还能帮助视障者更高效地学习、摸读盲文。

(2) 盲文刻印机(图 5.14)

该设备通过与明盲文转换软件配合使用,将明文文档内容转换为盲文版,并通过设备刻印输出。该设备优点:能较为方便地实现盲文输出,轻松打印出需要的盲文阅读物;缺点:明盲文转换软件翻译的盲文,不能确保 100% 完全正确,需要人工校验、输出效率较低,容易卡纸,盲文刻印时噪声较大。

(3) 盲文打字机(图 5.15)

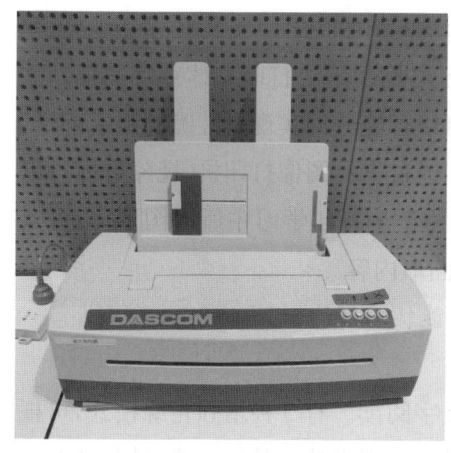

图 5.14 盲文刻印机

图 5.15 盲文打字机

盲文打字机的键盘是一排圆形凸块,每个圆形凸块代表一个盲文字母,视障者根据触感识别盲文字母,按下相应的圆形凸块来打出盲文。视障者可以借助盲文打字机写作。

(4) 立体图像打印机(图 5.16)

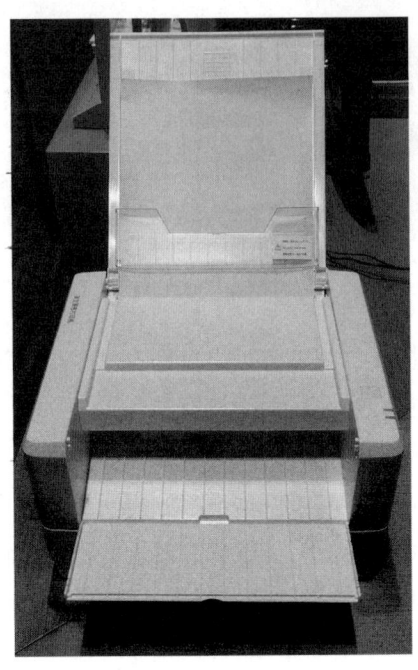

图 5.16　立体图像打印机

通过热敏印头来印刷点字和立体图形的打印机,配合安装在 Word、Excel 软件上的点字转化插件一起使用,即可在专用打印纸上打印立体点字图形。立体图像打印机可以与办公软件无缝集成,可以智能分词实现更准确的点字翻译,可以实现汉盲对照、图文混排的排版打印。通过立体图像打印机,视障群体可以通过触摸阅读图片内容。该设备可以为盲校学生打印学习中所需图形,也可实现打印图片,帮助视障人士触摸图形,了解图形内容。

2. 各类助视设备:适用于低视力读者,能辅助阅读

(1) 头戴式助视器(图 5.17)

可穿戴助视设备,可看实物、看图、看文字阅读。有 3 种增强轮廓模式,可根据需求选择,实现视力额外提升一倍的效果。有视野缺失补偿功能,满足视网膜缺损和管状视觉患者需求。可实现无极放大,有 10 种变色模式,适合多种低视力读者,可实现提升视力 6~10 倍。有更大的视野(FOV 45°)可以观察到更多的区域范围,对视野收窄人群有帮助。有悬浮巨幕阅读功能,让视障人群有较为舒适的阅读体验。

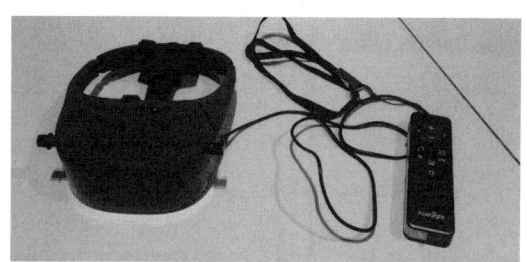

图 5.17　头戴式助视器

（2）极光高清台式电子助视器（图 5.18）

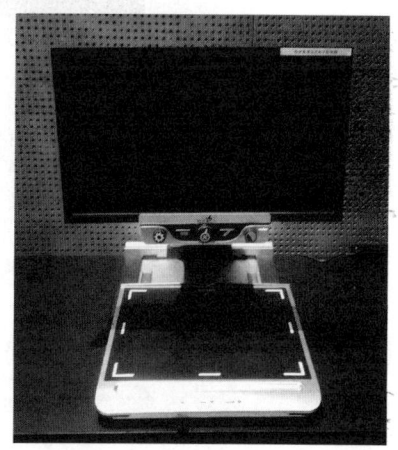

可放大 2～70 倍，并记忆放大倍数。配备 A3(290 毫米 * 420 毫米)尺寸阅读台，阅读台上下左右边沿在最大放大倍数下都可预览。配备 24 寸（1 寸约为 3.33 厘米）高清 LCD 显示屏，适合固定在某个场所使用。有 17 种色彩模式、6 种定位辅助线可选择。有亮度调节功能，可以根据不同的被看材质，选择适合的亮度以达到最佳的视觉效果。有锁焦功能，焦距锁定于当前被看物体，写字时不会因为手的移动而反复对焦。让视障人群阅读与学习更稳定。

图 5.18　极光高清台式电子助视器

（3）7 英寸（1 英寸＝2.54 厘米）手持式智能电子助视器（图 5.19）

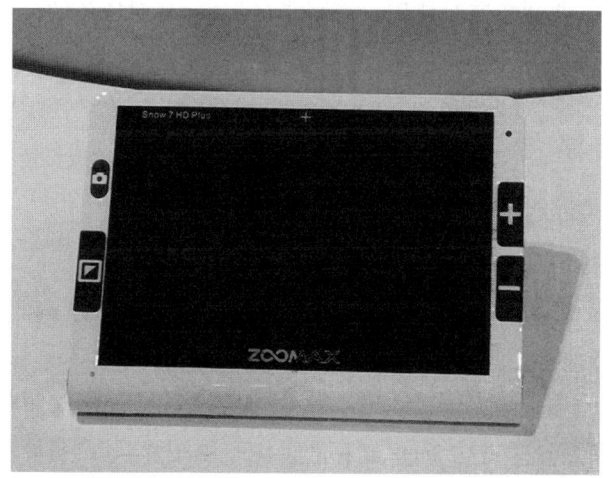

图 5.19　7 英寸手持式智能电子助视器

有远景模式和近景模式,近景时可实现2.5～19倍放大显示。有4种文本变色模式,3种阅读语速模式,2种阅读辅助线。7英寸触摸屏,轻巧便携,配合实用基础的助视功能,适合视障者外出使用。

(4) 12英寸手持式智能电子助视器(图5.20)

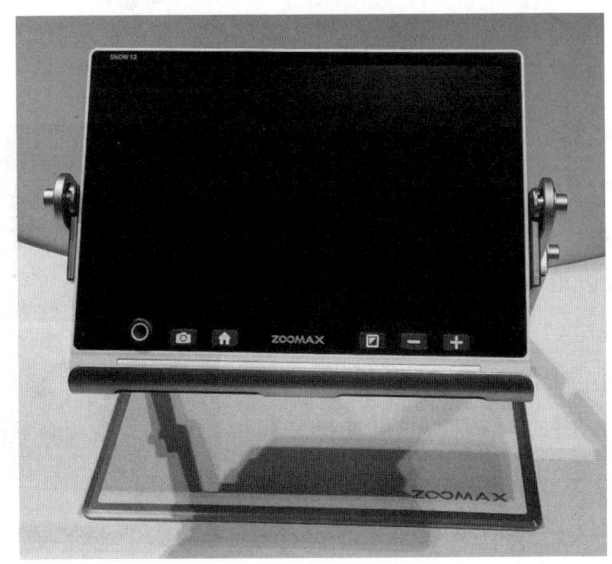

图5.20　12英寸手持式智能电子助视器

该设备有12英寸触摸屏,1 300万像素,可以自动对焦,视障读者可以轻松实现助视和听书。可以单独使用,也可以搭配可折叠支架提供舒适书写空间,适合视障学生写作业和阅读时使用。有真彩与10种高对比色的色彩模式,适用于不同需求的视障读者。助视器可以连接看远的光变镜头或摄像机,实现清晰的看远功能。有点字阅读功能,在文本页面,触屏点某个文字,可以从该文字开始朗读。

(5) 便携式远近两用助视器(图5.21)

有看远看近功能,配备近摄镜,近摄镜合上时用于看桌面的材料;近摄镜打开,摄像头可以通过调节水平摆角270度的水平转轴和径向旋转360度的垂直转轴来看远处,适用于盲童学校学生上课使用。有图像放大功能,共30级可调放大倍率。有6种变色模式,适用于色盲色弱读者。有图片储存功能、回放功能、图片定格和图片拷贝功能,可储存超过150张图片,帮助盲童记录课堂笔记。

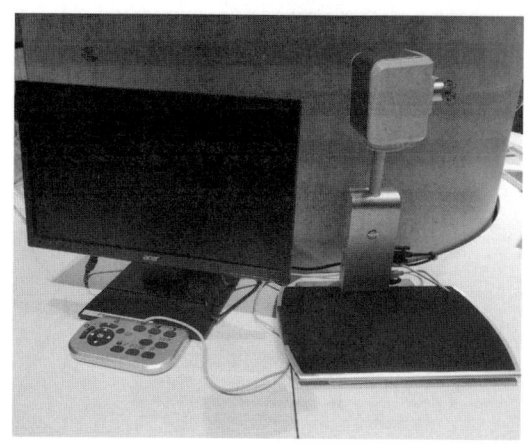

图 5.21 便携式远近两用助视器

有 6 种定位辅助线模式,适用于阅读文字、课本。

3. 听读设备,适用于视障读者,通过以听代看保护视力

(1) 天使眼智能阅读器(图 5.22)

基于计算机视觉与人工智能技术,适用于视障群体的可穿戴设备。小巧便携,可以安装在眼镜上。有文字识别模式,使用距离 20～60 厘米,可以拍照并自动进行中英双语的文字识别、文字播报。有手指指向识别功能,可以识别手指上方 3 行的内容。

图 5.22 天使眼智能阅读器

(2) 一键式智能阅读机(图 5.23)

有语音读书机模式,可以分 10 个档次变换速度阅读各种印刷体材料,包括书籍、收据、账单、报纸。可识别简体中文、繁体中文、英文、日文四种文字或语

图 5.23 一键式智能阅读机

种。有 CD 模式,可以播放 CD 和 DVD。有放大读书机模式,连接显示器,呈现的扫描信息,可以放大显示、调节对比度和颜色,适用于低视力读者。有 USB 模式,可以播放存储在 U 盘中的 Word、Html、Epub 等文字信息和 MP3、WAV 等音频。

(3) 视听读一体机(图 5.24)

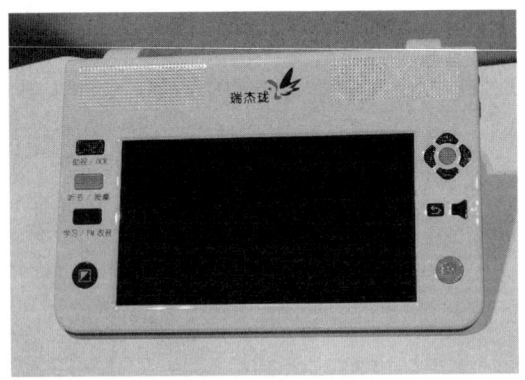

图 5.24 视听读一体机

一体多能,有助视、听书、光学字符识别(OCR)、触屏读屏等多项功能。自带可折叠支架,帮助低视力者书写,轻巧便携,适合外出携带。

(4) 小雅 AI 图书馆(图 5.25)

智能音箱,拥有听书、听广播、听音乐功能。可以连接 5G 网络,帮助视障者

图 5.25　小雅 AI 图书馆

获取更多书籍资源。搭配环形手提支架，呈现 20 度的观看视角，更加符合人们日常的观看习惯，有效缓解视觉疲劳。

4. 电动轮椅和升降桌

电动轮椅提供给肢残读者使用，方便他们在馆内行动。升降桌：坐轮椅的肢残读者可以使用升降桌调节到合适的阅读高度。

二 上海图书馆东馆视障服务拓展

东馆开放服务后，视障读者活动除了原有的合作伙伴，又有了更多合作伙伴，视障读者活动也在原有基础上，又有了更多的服务拓展。

（一）视障儿童服务

1. 乐高盲文积木颗粒夏令营（上海站）

乐高集团于 2019 年正式推出为视障儿童特别设计的乐高盲文积木颗粒，这些盲文积木颗粒顶部的凸点与盲文字母表中的字母和数字一一对应，每块盲文积木颗粒上还印有清晰的字母、数字和符号，可以让正常视力者与视障儿童一同使用。乐高盲文积木颗粒帮助视障儿童享有和健全儿童一样寓教于乐的机会，在进行积木游戏的同时学习盲文。

2023 年 8 月，上海图书馆与乐高集团合作，在上海图书馆东馆开展了为期两天的乐高盲文积木颗粒夏令营活动。活动面向 6~12 岁上海或周边地区会盲文的视障儿童。（图 5.26）

图 5.26　乐高盲文积木颗粒夏令营

参与此次乐高夏令营的视障儿童在东馆参与了开营仪式、破冰游戏，他们带着问题探索盲文积木颗粒、学做一件拓印艺术品、探索了最初级的盲文点位和各个点位之间的关系、进行数字游戏和拼读活动。

视障儿童和家长也在活动期间参观了无障碍阅览室,馆员为他们详细介绍了无障碍阅览室的文献、设备和免费邮寄借还服务,许多人当场办理读者证借阅了听书机、明盲文对照本和盲文图书。

在两天的活动中,视障儿童积极发言、踊跃参与,在志愿者和家长的帮助引导下锻炼了触觉能力,增进了对于盲文点位的认识,提升了盲文学习兴趣。活动最后,视障儿童和家长前往乐高集团中国总部办公室参观,收获了此次活动"优秀营员"的奖状。此次活动也提高了视障儿童的表达能力、合作意识和解决难题的能力。

2."童心助残　爱心相伴"无障碍阅览室阅读体验日(图 5.27)

图 5.27　"童心助残　爱心相伴"无障碍阅览室阅读体验日

2024年暑假,上海图书馆携手爱心牵手公益组织举办了两期无障碍阅览室阅读体验日活动,活动由视障讲师、视障者、学生和家长共同参与,通过每位视障者与一个家庭结对的方式开展活动。

第一期体验日活动由馆员向视障者和学生、家长介绍无障碍阅览室的基本情况,引导大家参观体验"指尖遇见美好——非视觉图片展"。学生也戴上眼罩,体会视障者是如何摸读触摸画的。每个结对小组还共同摸读了馆员提前准备的明盲文对照阅读材料。视障讲师向学生及家长展示了自己日常如何通过读屏软件、键盘快捷键使用无障碍电脑。学生、家长坐在结对的视障者身旁,在视障者指导下通过读屏软件和操作快捷键使用电脑。活动中,有的学生不适应戴上眼罩接近全盲的状态,常常不自觉地取下眼罩;有的学生在视障者指导下掌握了一些技巧;有的学生一戴上眼罩就忘记了操作步骤,只能全依靠家长提示进行操作;也有家长戴上眼罩后操作电脑十分流畅,大家纷纷聚集围观。众人还参观体验了无障碍阅览室的专用设备,了解了设备的名称、用法和适用人群。

第二期无障碍阅览室阅读体验日活动,馆员将无障碍阅览室布置成小课堂的形式,让每组结对家庭和视障者以更舒适的角度和方式围坐在一起。馆员使用盲文刻印机刻印了明文和盲文对照的无障碍阅览室通信信息,供大家触摸、对比和感受盲文。通过对视障讲师手机的投屏展示,视障讲师和无障碍馆员讲解了盲文知识、手机读屏软件、助视技术,帮助学生了解视障者如何运用手机出行和通信。结对小组的视障者也拿出手机近距离向身边的学生、家长展示日常如何使用。

通过无障碍阅览室阅读体验日活动,学生和他们的家长了解了视障者的部分生活状态、阅读体验和无障碍设备的有关知识,他们能够懂得理解和尊重视障群体,树立了正确的助残观念,增强了社会责任心,也提升了他们的护眼意识。

3."小蝌蚪不怕黑"盲童夏令营(图5.28)

2023年暑期,上海图书馆与中国盲文图书馆合作,承接了"快乐成长"盲童阅读技能培训班暨"小蝌蚪不怕黑"2023年盲童音乐夏令营活动上海站的部分活动。来自山东、云南、广西、贵州、宁夏等地的25位盲童参与此次夏令营活动。

2023年7月10日,"小蝌蚪不怕黑"盲童夏令营的小成员们来到上海图书馆东馆参与活动。在东馆乐享厅,盲童们欣赏了"声入童心"无障碍戏剧演出。表演者通过充满感染力的表达为盲童们带来生动又充满教育意义的戏剧演出。盲童通过听的形式感受戏剧艺术的魅力,弥补难以观看演出的遗憾。几位盲童

图 5.28 "小蝌蚪不怕黑"盲童夏令营

小朋友积极到舞台上参与了互动。

在馆员的陪同讲解下,夏令营的小成员们参观了东馆一楼的少儿阅览区,欣赏了陈伯吹国际儿童文学奖主题展、"爸爸造的房子"艺术装置和绘本区域。在绘本区域,孩子们发现感兴趣的书,在陪同者的帮助下纷纷认真阅读起来。

参观过后，孩子们表示这次上海图书馆之行收获满满，希望以后还有机会来上海图书馆阅读、学习。

（二）成人视障读者服务

1. 上海市视力残疾人"配音训练营"拓展活动

为了丰富视障读者的精神文化生活，上海图书馆与上海市盲人协会、上海戏剧学院共同合作，于2024年5月至10月，举办上海市视力残疾人"配音训练营"拓展活动。本次活动由上海戏剧学院老师、上海市盲人协会工作人员、上图无障碍阅览室馆员和来自全市16个区的视力残疾人共同参与。

"配音训练营"拓展活动内容包括大课讲解、示范训练、考核测试、小课精讲和排练等。训练课程内容包括普通话训练、唇舌力度与灵活性训练、口腔运动训练、声调和语流音变训练、呼吸与发声训练、文体综合训练、人物演播训练等。通过培训和排练，推出在上海市庆祝第41届国际盲人节活动中展演的2到3个节目。"配音训练营"拓展活动提升了视障者参与社会活动的积极性，也丰富了视障者的文化生活。

2. "光明阅读"视障读者快闪赛（上海图书馆赛区）

"光明阅读"视障读者快闪赛是湖北省图书馆于2022年发起的活动，2024年湖北省图书馆与南京市图书馆联合主办第三届"光明阅读"视障读者快闪赛，邀请上海图书馆举办上海地区活动。

2024年5月17日，在第三十四个全国助残日到来之际，由上海图书馆和上海市残疾人联合会主办的"跟着文字去旅行"第三届"光明阅读"视障读者快闪赛（上图赛区）在上海图书馆东馆举行。此次比赛面向持有第二代中华人民共和国残疾人证的上海市视力残疾人。比赛围绕"旅行"话题设置统一的比赛用书，分为感官阅读体验区、盲文摸读常规赛、无障碍观影赛、音频听读抢答赛四个环节。每位视障参赛读者参与全部四个环节，同时配备一名志愿者，协助记录作答情况。

参赛者首先来到无障碍阅览室参观、体验非视觉图片展。之后正式进入比赛环节。第一关是盲文摸读，参赛者摸读散文《水上做文章》的节选并答题，志愿者回收答题卡上交记分员统一判分。第二关是无障碍观影答题，参赛者观看无障碍电影《长安三万里》选段并回答主持人的问题，志愿者回收答题卡上交记分员统一判分。第三关是音频听读抢答，参赛者聆听两倍速播放的《难以忘却的黄石港饼》音频,播放完毕后,主持人依次念出需要作答的问题,由参赛者使用抢答器抢答,各选手得分由记分员记录。

活动结束后全体参赛者均颁发参赛证书及纪念品,进行颁奖仪式和合影留念,对得分第一名的选手授予"阅读之星"称号。本次活动的"阅读之星"表示,未来会进一步利用好图书馆的公共资源充实和提升自己,尽自己的一份努力回馈社会。

此次活动通过新颖的竞技形式,激活视障者阅读潜力,帮助视障者将阅读与思考结合起来,丰富了视障者的精神生活,调动了视障者参与活动的积极性。

3. "指尖遇见美好——非视觉图片展"(图 5.29)

图 5.29 "指尖遇见美好——非视觉图片展"

契机:2021 年 3 月,上海图书馆视障阅览室接受了一批来自社会捐赠的触摸画,共计 127 幅。当时因上海图书馆淮海路馆视障阅览室空间不足,这批触摸画由馆员整理编目后暂存库房。

定调与开展:上海图书馆东馆无障碍阅览室服务规划时,考虑到触摸画捐赠方希望这批触摸画捐赠给图书馆后,能让这批画发挥更大的效用,因此想对这些触摸画进行展示,让更多到图书馆来的视障读者体验触摸画。于是在无障碍阅览室留出一整面墙作为触摸画的展示空间。在当今大阅读时代背景下,广义的阅读"不仅是纸质阅读和数字阅读复合共存的阅读,也是文字、声音、图像和视频复合共存的阅读,也是一切信息内容可视化和可感知的阅读,还是沉浸式阅读、体验性阅读"。根据视障读者虽目不能视,但可以通过触觉和听觉等非视觉的感知方式来进行阅读的特点,东馆无障碍策划团队给这片展区定了个基调,取名"指尖遇见美好——非视觉图片展",并以与当年上海图书馆提出的"建设世界级城市图书馆"为目标相符合的城市主题来策划了第一期展陈,选取18幅上海著名景点为画面主体的触摸画,作为上海图书馆东馆无障碍阅览室的开馆展陈。

升级与完善:第一期触摸画展得到了来自视障读者、健全读者以及各地同行的肯定与好评。同时也收集到一些意见和反馈。比如,当视障读者没能摸出画中主体或不熟悉上海的读者不知道这个景点叫什么名字时,不通过旁人解说他们便无法了解画中内容。于是从第二期展陈起,增加了每幅展品的明盲文对照铭牌(图5.30),以简明扼要的标题点出触摸画的内容。

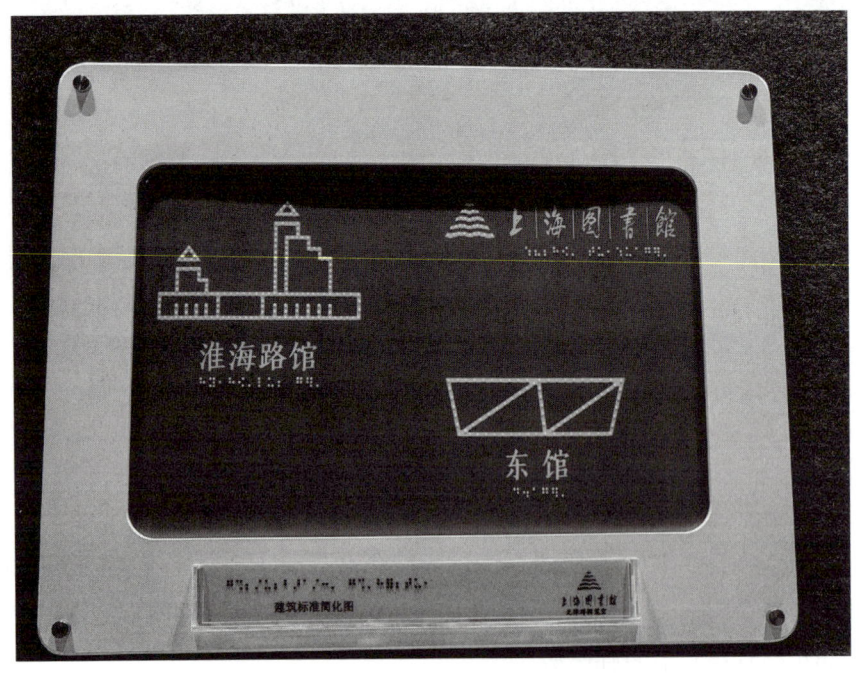

图5.30 增加了明盲文对照铭牌的触摸画

第二期展陈主题是"视障人士摄影展",展出一批由视障摄影者通过非视觉拍摄的方法拍出的照片,被拍的是各种人士的日常,例如智力残疾的小朋友在阳光之家阅读的场景,坐着轮椅的肢残老爷爷出门会友,妆发靓丽的视障小姐姐们排练舞蹈等。策展的初衷是希望展现残疾人乐观坚强的精神,促进健全人对他们的理解和包容,提高市民建设无障碍社会的精神素养。然而没想到的是,这期展陈引发健全读者最多惊讶和感叹的是——他们看不见怎么拍照,这些照片真的都是看不见的盲人拍的吗——由此可见,健全人群对各种残疾人的了解还不够。也是通过这一次展陈,我们不仅向大众普及了非视觉摄影的概念,还找到了我们无障碍阅览室未来触摸画策展的方向。希望以触摸画为桥梁,让视障读者更多地了解图书馆、了解上海、了解世界;也让健全读者更走近视障群体、残疾人,践行上海图书馆东馆"智慧、包容、互联"的转型战略,并在这个战略的指引下,为把上海图书馆东馆打造成大阅读时代的智慧复合型图书馆而努力。

拓展与延伸:前两期展陈所展出的触摸画都是出自最初那批社会捐赠,然而这些资源对有了方向的我们而言,已经无法满足我们下一步所想要表达的主题。于是我们开始积极主动地寻求能制作触摸画的加工单位,希望把我们选出的普通图片定制成触摸画。在一次次沟通中,色调、凸点触感、明盲文校对反复调试,也从中了解到不是所有图片都适合做成触摸画。从第三期开始,我们想从建筑、艺术装置、读者活动等几个方面把新开的上海图书馆东馆来展示给视障读者,以满足他们全方位了解这座新馆的愿望。

除了无障碍阅览室提供触摸画展,未来无障碍阅览室考虑主动地走出去,通过与上海市盲童学校、社会公益组织等合作,组织残疾人到馆参观,或者将曾经展出过的几期触摸画送去合作单位实地办展。还可以联合残疾人联合会、志愿者团体、中小学校,进行残健互动模式的陪伴交流。

4. "烽火家书"无障碍戏剧公益专场演出

上海图书馆与上海戏剧学院电影学院合作,2023年6月举办了"烽火家书"无障碍戏剧公益专场演出,视障读者、普通观众和志愿者到场观看。现场为普通观众配发一次性眼罩以帮助他们以盲人的角度欣赏无障碍戏剧,突出无障碍戏剧与普通戏剧的差异。

以《烽火家书》为主题,上海戏剧学院电影学院主持系学生分别讲述《不做时代的落伍者》《从前慢》《予师书》《朱光亚》四封不同时代的书信中的感人故事,体现了革命精神、理想信念、爱国精神和时代精神,反映了时代变迁和文明发展。通过增加对于人物活动、场景变换、内心细节的解说以及演员富有感染力的台词表达,使得视障人士能通过"听"的形式获得和其他观众相似的戏剧体验。

此次演出的场地,东馆乐享厅是一个以三面观众席围合的跌落式沉浸式舞台,拥有极佳的声学环境和声学空间体验。观众离表演者的距离很近,非常适合此次面向视障者的无障碍戏剧演出活动。

此次活动为视障者带来了全新的艺术体验。活动结束后,一位视障读者激动地表示,这是一次难忘的经历,也是他首次欣赏无障碍戏剧演出。活动通过戴眼罩体验的方式,让普通观众和志愿者体验了视障者的观演感受,让他们能更多关注视障者群体。

5. 与公益组织合作,视障者参观体验无障碍阅览室

2023年12月,无障碍阅览室与极光公益组织合作,接待三批视障者和志愿者参观无障碍阅览室。

馆员为大家讲解了无障碍阅览室的基本情况,带领大家操作体验室内无障碍设备,视障者和志愿者积极触摸体会"指尖遇见美好——非视觉图片展"。馆员为视障者重点介绍了无障碍电影、手机电脑培训班、听书机和有声读物外借服务。许多视障读者当场办理读者证借阅了听书机。馆员现场一一教授视障读者听书机的开关机、如何播放音频、如何听图书馆制作的音频版目录等,帮助视障者掌握听书机的基础操作。视障者还了解了盲文文献免费邮寄借还服务,视障者表示,这项服务非常人性化。

通过几期的活动,更多的视障者了解和使用了东馆无障碍阅览室,积极报名参与阅览室各项活动,通过借阅使用盲文文献丰富了精神生活。活动中有部分小学生、初中生志愿者,他们通过活动增进了对于特殊群体和图书馆无障碍服务的认识,增强了社会责任心。

(三)活动影响与收获

上海图书馆视障活动的拓展基本是与社会组织合作,活动受到了参与活动的视障群体及其家人的一致好评。这些活动让更多视障人群及其家庭了解图书馆能为视障人群提供哪些服务,也让更多健全人家庭关注和了解视障人群,今后能更好地关爱社会残疾人。此类活动还有众多优点,对公共图书馆有借鉴意义。

活动形式突破了图书馆组织的传统活动形式:乐高盲文积木颗粒夏令营由专业老师带着孩子们搭建盲文乐高积木;无障碍阅览室阅读体验日活动由视障"老师们"带领孩子和家长体验"黑暗中"的生活、学习;"小蝌蚪不怕黑"盲童夏令

营带领视障孩子体验了戏剧、参观体验了上海图书馆东馆的少儿阅览室；无障碍戏剧公益演出，让视障人群也能体验艺术活动，让健全人体验视障人群的"黑暗"生活。

整合了各方资源的优势：乐高盲文积木颗粒夏令营由上海图书馆提供活动场地、落实现场管理，中国盲文图书馆、乐高集团负责专业老师、乐高盲文积木颗粒、陪伴志愿者；无障碍阅览室阅读体验日活动由上海图书馆提供活动场地、策划无障碍阅览室现场体验内容和项目，爱心牵手公益组织负责组织参与的学生与家长、安排视障老师、现场教学演示；"小蝌蚪不怕黑"盲童夏令营由中国盲文图书馆主办，上海文化广播影视集团有限公司（SMG）主持人志愿者团队协调上海活动各方，上海图书馆落地在上图的活动场地、活动安排；"配音训练营"拓展活动、无障碍戏剧公益演出都是与上海戏剧学院合作，整合各方优势，确保活动高质量完成。

服务对象辐射面突破了地域限制：乐高盲文积木颗粒夏令营的学员是来自长三角地区的视障儿童；"小蝌蚪不怕黑"盲童夏令营的学员是来自山东、云南、广西、贵州、宁夏等地的视障儿童及家庭。上海图书馆以往无障碍服务对象基本在上海，但通过合作实现了服务对象的拓展，也让许多外地的视障家庭了解了上海图书馆的无障碍服务内容。

图书馆投入少、产出效果好：此类与社会合作的活动，基本不需要图书馆额外投入活动经费。图书馆主要提供活动场地、馆员参与活动策划落地，经费方面基本都是合作方解决或者合作方做志愿者服务。这对于财政预算日渐紧张的公共图书馆是一种值得去探索的服务方式，寻求与社会各界的合作，来为残障读者提供形式多样、受读者欢迎的活动。

三 东馆其他残疾人服务

（一）听障读者服务

1. 手语馆员服务

上海图书馆东馆无障碍阅览室在筹建之初，考虑到在东馆场景下不仅仅是为视障读者服务，还需要考虑听障读者需求。因此，在招聘无障碍阅览室馆员时，就专门提出需要懂手语。目前无障碍阅览室配备了一名手语馆员，能用手语与听障读者沟通交流。

2. 手语科普小课堂

为了普及推广手语,无障碍阅览室经上海市残疾人联合会、上海市聋人协会授权,在阅览室内通过大屏播放其制作的"吾声手语小课堂"系列手语科普教学视频,增进普通读者对于聋人群体的理解,激发大家学习手语的热情。

3. 手语书展示角

无障碍阅览室内设有手语书展示角,展示了多种手语实践书和理论书,帮助读者了解听障群体和手语文化。听障读者可以外借使用。

4. 专业手语讲解东馆艺术品

上海图书馆东馆作为新一代智慧复合型图书馆,也是开放的艺术空间。建馆之初即把艺术纳入整体设计,邀请国内外知名艺术家,打造了11件场域艺术作品。这些艺术作品造型别致、寓意深远,在东馆艺术品讲解视频中,配上了字幕和专业的手语翻译,以帮助听障读者能全方位地理解和感受这些艺术作品。

5. 馆藏配备手语、字幕的无障碍电影

东馆馆藏了一批配备生源字幕或者手语翻译的无障碍电影,听障读者可以参加每个季度的无障碍电影专场活动,有需要的也可以外借无障碍电影回家观看。

6. 与上海市聋人协会合作举办征文活动

2024年,上海图书馆与上海市聋人协会、上海聋人读书会合作举办"以梦为伴、与时代同行"第三届上海市听力残疾人读书征文大赛。

比赛面向上海市听力残疾人,设小学组、中学组和社会组三个组别。紧扣"以梦想为伴 与时代同行"主题,围绕爱党、爱国、奋斗等方面的内容,讲述新征程中,听力残疾人勇敢迎接生活挑战、顽强奋斗的励志故事。聋人朋友踊跃参与,呈现了许多优秀作品,比如《跨越时空的一封信——致过去的自己》讲述了新时代的伟大成就是众多逐梦者的奋斗成果,聋人朋友们更要自强不息,无愧自我也无愧时代。《我的司机梦》写出了聋人朋友在生活中勇于迎接生活挑战,励志积极的人生态度。《从梦想中走出》讲述聋人初中生自己的生活故事,表现了学生对于梦想的思考以及如何脚踏实地去实践的过程。

举办此类活动旨在鼓励更多听力残疾人参与读书活动,展示听力残疾人的文采,用文字诠释和传递自强不息的伟大民族精神和时代精神。上海图书馆馆员负责参与了征文的审稿、评分与撰写评语的工作。活动最后,馆员通过配有字幕的视频,公布了获奖名单并进行点评总结。

(二) 肢残读者服务

1. 通过接待交流活动,推广服务、积累服务经验

2024 年 3 月,上海市肢残人协会教育工作委员会到上海图书馆东馆进行为期一日的参观和交流,无障碍阅览室负责活动接待和陪同参观。在无障碍阅览室,馆员为大家介绍了无障碍阅览室的成立、当前主要服务内容和无障碍设施,委员会成员体验试用了阅览室配备的电动轮椅、升降桌,两名肢残读者全程乘坐阅览室的电动轮椅参观。

馆员及志愿者陪同委员会成员参观了东馆其他楼层的艺术装置和馆藏精品,并为委员会成员仔细讲解和耐心解答疑问。活动最后,委员会成员进行了内部学习交流。通过此次活动,更多肢残读者了解了上海图书馆的无障碍服务,无障碍阅览室也收获了更多肢残读者的服务需求与服务肢残读者的实践经验,有利于东馆无障碍服务的长远发展与服务质量的提升。

2. 提供专用设备供肢残读者使用

无障碍阅览室配备了两辆电动轮椅,有需要的肢残读者或行动不便的读者在馆内可以免费借用,方便他们在馆内行动。

无障碍阅览室及二楼到五楼每个楼层的阅览室都配备了升降阅览桌,桌子高度可调节,坐轮椅的读者可以根据轮椅高度方便地调节桌子高度。另外,在大厅的自助借还设备,也配备了可升降设备,方便坐轮椅的读者自助借还书。

(三) 智力残疾读者服务

无障碍阅览室为部分有阅读需求的智力残疾读者提供精准服务,细心呵护阅读体验。2023 年 10 月,一名智力残疾读者在家长陪同下到无障碍阅览室寻求帮助,希望可以借到绘本类图书。上海图书馆少儿类文献服务年龄是 14 岁以下,来寻求帮助的智力残疾读者超出了这个年龄范围。

在无障碍阅览室工作人员和少儿服务部沟通后,决定为这位智力残疾的读者走绿色通道服务。以后需要借绘本图书,这位读者或家长只需要到无障碍阅览室,由无障碍阅览室馆员去少儿区找书,之后在无障碍阅览室完成借书流程。这样操作,既为智力残疾读者节省了排队借书的等待时间,也避免少儿区不了解情况的幼儿,在言语上可能对智力残疾读者造成伤害。在与读者家长沟通后,馆

员为其完成图书续借操作并告知续借后的图书归还日期。该名读者对于东馆的文献和无障碍服务表示非常满意，之后多次通过无障碍阅览室借阅少儿绘本读物。

这种服务模式，也为今后其他有此类需求的智力残疾人群的服务积累了经验，可以由点到面开展对智力残疾读者的服务。

(四) 宣传残疾人权益保障和关爱残疾人

上海图书馆除了提供无障碍服务，还通过各种宣传活动，向公众传递残疾人权益保障信息、关爱残疾人的信息，以期推动营造一个更加平等、友善和包容的社会环境。

1. "沪苏浙皖书香阁 残奥冠军共读会"音频与残奥会视频

残疾人奥运会体现了坚强不屈、永不言弃的精神力量。在2024年残奥会期间，无障碍阅览室每日大屏播放约一小时的残奥会推荐视频。上海图书馆东馆是"沪苏浙皖书香阁 残奥冠军共读会"2024年上海市残疾人读书系列活动的合作单位之一。无障碍阅览室通过多种形式进行展示宣传，在无障碍阅览室内摆放了多个磁铁摆件，分别展示了活动名称与上海、江苏、浙江、安徽四地活动的主题音频二维码，读者扫描二维码即可收听。无障碍阅览室还使用盲文刻印机刻印了活动的明盲文宣传资料。在东馆一楼大厅，也摆放了"沪苏浙皖书香阁 残奥冠军共读会"的宣传引导牌，向更多的读者推荐宣传该活动。

2.《马拉喀什条约》主题展陈（图5.31）

为让更多读者了解视障群体和其他印刷品阅读障碍群体的阅读和文化需求，推动更多优秀作品在法律保障下向视障者开放，减少无障碍版本格式匮乏，助力实现无障碍阅读，2024年7月22日—12月31日，无障碍阅览室推出《马拉喀什条约》主题展陈，展陈位于东馆一楼无障碍阅览室外墙读者往来密集处，展示了《马拉喀什条约》全称、受益方、条约意义以及推进条约生效的几个重要的时间点。

上海图书馆也在不断积极落实以无障碍方式向阅读障碍者提供作品，2024年8月9日，国家版权局公示了第二批无障碍格式版服务机构备案结果，上海图书馆（上海科学技术情报研究所）也在其列，上海图书馆可以在本市范围内，提供无障碍格式版服务类型。[1]

图 5.31 《马拉喀什条约》主题展陈

3. 残疾人节日的活动与推文

无障碍阅览室于 2023 年年底汇总残疾人节日,包括世界盲文日、全国爱耳日、全国助残日、全国爱眼日、全国残疾预防日、国际手语日、国际聋人节、国际盲人节等。在这些节日，结合上海图书馆各类文献资源，开展阅读推广和宣传活动，目前主要宣传形式是开展无障碍阅读推广活动和在上海图书馆微信公众号发表图文并茂的推文宣传。通过阅读推广宣传活动，让更多读者关注残疾人。

第四节 本章结语

本章节是上海图书馆无障碍服务发展过程的一个梳理。从最初零星结对为残障读者送书服务，到从馆所层面重视，正式推出视障读者服务，开始了公共图书馆无障碍服务的探索历程。

上海图书馆无障碍服务经过了20多年的不断探索，服务人群扩大了，服务内容不断推陈出新，服务影响也不断扩大，真正把无障碍服务落到了实处。就其不断发展壮大的原因有以下几点：

一 馆领导重视：

上海图书馆领导历来对残障读者服务非常重视，从最初布局服务规划，推出视障读者服务，到牵线联系上海市残疾人联合会、上海市邮政公司等社会资源，来推进服务升级。再从最初市中心3个区的26名注册读者，快速发展到覆盖全市范围的1 000多名注册读者。这些成就的取得都源自馆领导的关心，把残障读者服务放到重要工作位置，给政策、给经费、给人员。上海图书馆东馆筹建阶段，也是馆领导定位东馆可以为更多残障读者提供优质服务，落地了东馆的无障碍服务。馆领导的重视，为上海图书馆无障碍服务奠定了发展的方向和基调，是无障碍服务得以落地及发展的保障。

二 馆员用心服务

上海图书馆无障碍团队从一个人兼职，到之后两个人团队，再到东馆无障碍阅览室五个人的团队。每一位从事无障碍服务的馆员都是经过选拔，需要具备：积极主动的服务精神、耐心细致的服务态度、善于沟通的能力等。

二十多年来，上海图书馆的助残团队多次被评为"智力助残"先进集体。第一位开始从事视障服务,坚守在视障读者服务岗位二十多年的馆员,曾被中央文明办、民政部、中国残疾人联合会命名为"全国志愿助残阳光使者";还有馆员曾被评为上海市助残先进个人;无障碍阅览室挂满了视障读者赠送的感谢馆员的锦旗。很多接受服务多年的视障读者,哪怕现在不常来图书馆,也会偶尔打电话过来,只为跟馆员聊聊天,问候下近况。

馆员的用心付出,残障读者都能感受到,也愿意经常利用公共图书馆资源、参加活动,丰富自己的文化生活。

三 合作伙伴的齐心

上海图书馆无障碍服务能做实、做深,离不开众多的合作伙伴。上海市残疾人联合会、上海市盲人协会、上海市聋人协会、上海市肢残人协会、众多愿意为残疾人提供帮助和服务的社会团体、外企志愿者团队,这些都是上海图书馆无障碍服务的合作伙伴。大家都一心为残疾人提升文化生活质量,奔着这个共同目标,一起排除各种困难,整合各家资源,以上海图书馆为平台和桥梁,为残疾人提供各类文化服务。

本章参考文献

国家版权局. 无障碍格式版服务机构备案结果(第二批)[EB/OL]. (2024-08-09)[2024-09-16]. https://www.ncac.gov.cn/chinacopyright/contents/12228/359371.shtml.

(谢 影、丁 乙)

第六章

结　　语

一　本书成书的由来

上海图书馆视障读者服务 2001 年开始,经过二十多年的探索和努力,为上海市的视障读者打开了一扇"阅读"之门。2022 年上海图书馆东馆开馆后,上图为残障读者服务也由以视障读者为主,拓展到为更多残疾类型读者提供阅读服务的无障碍服务。视障服务、无障碍服务开展多年,服务内容也不断在拓展,但很可惜,在这块服务内容上没有做系统的研究和总结。

2015—2017 年,笔者作为"图书馆视障人士服务规范"项目组成员,参与了《图书馆视障人士服务规范》(GB/T 36719—2018)的起草及制定。参与项目期间,负责了对福建省、山东省、江苏省、江西省、上海市公共图书馆视障服务的调研,实地走访了这些地区的部分公共图书馆,对调研地区的视障服务情况有了了解。2018 年开始,笔者负责上海图书馆东馆无障碍阅览室服务规划和上海图书馆东馆无障碍环境设施规划,也到多地公共图书馆调研残障服务情况。走访、调研沟通后,发现大多数公共图书馆残障读者服务这一块相对较薄弱。公共图书馆同行老师们在交流过程中都希望能相互汲取经验。

2023—2024 年,本书作者团队申报了 2023 年度中国残联视障文化专项课题,最终"我国公共图书馆无障碍服务现状与发展——以视障服务为例"获批 2023 年度中国残联研究课题并立项。该课题已于 2024 年 7 月按时交出研究报告,完成课题研究,并于 10 月课题顺利结项。

考虑到随着社会文明的不断发展,国家法律法规的不断完善,公共图书馆需要在环境、服务、信息化等方面,为更多残疾类型读者提供无障碍服务。本书作者团队在"我国公共图书馆无障碍服务现状与发展——以视障服务为例"课题研究报告的基础上,将研究内容由公共图书馆视障服务拓展到了无障碍服务。本书梳理了无障碍概念、无障碍政策法规,调研国内外公共图书馆无障碍服务情况,并分析了中国内地(大陆)公共图书馆无障碍服务面临的问题,结合中国港台地区及国外公共图书馆的服务案例和经验,提出内地(大陆)公共图书馆无障碍服务发展建议,并梳理了上海图书馆残疾人服务的发展历程及服务案例。

二 公共图书馆无障碍服务未来发展方向

本书研究主要方向是集中在国内外公共图书馆针对残疾人能提供哪些无障碍服务。最近在对内、对外的交流中得到启发,公共图书馆无障碍服务在未来发展有两个方向可以努力。

(一) 挖掘整合自有资源,拓展无障碍服务内容

打破视障服务、无障碍服务只能靠视障阅览室、无障碍阅览室来提供的传统认知。无障碍服务是可以体现在公共图书馆所有部门、所有服务场景的。

近年来,公共图书馆阅读推广活动开展得如火如荼,图书馆有很多好的活动、好的资源。公共图书馆的新媒体服务也在快速发展,图书馆的很多活动都能提供直播或线上回看,或者很多讲座活动音频被剪辑成了播客节目。公共图书馆的阅读推广活动、新媒体服务蓬勃发展,同样能为无障碍服务提供助力。

公共图书馆可以加强面向残障读者宣传图书馆的线上服务,如可以向肢残读者推荐图书馆的讲座直播平台、讲座回看平台,让残障读者可以方便获取到图书馆优秀的资源。可以加大自有资源库的建设和交换,如可以将讲座、分享会的音频文件作为视障读者听书机可拷贝的电子资源内容,可以让视障读者除了有声电子书,还能获取更多可听资源。《马拉喀什条约》在中国落地后,从目前国家版权局公布的第一批和第二批无障碍格式版服务机构备案结果来看,其中公共图书馆占到了 83%。公共图书馆可以探索自制有声资源并进行交换,来为视障人群等有需要的读者提供有声资源服务。

有一位视障朋友曾经说过:"不要问我想要什么,别人在图书馆能享受的服务,我们也都有需要。"这其实也是公共图书馆无障碍服务要努力的方向,无障碍服务不是说专门为残障读者提供什么,而是要让残障读者与健全读者一样能便捷地享受到图书馆提供的服务。这需要公共图书馆在未来继续努力。

(二)握手技术,探索更宽广的无障碍服务赛道

随着这两年人工智能(AI)、生成式预训练变换器(GPT)等技术的发展,人工智能进入到可落地应用的新纪元。上海图书馆在2023年,由技术部门牵头,成立了多个GPT兴趣小组,对生成式预训练变换器应用程序接口(GPT API)、大语言模型本地化实践、GPT数据、图情领域AI开发需求和生成式AI(多模态)研究等方面进行了探索。

经过一年探索,这些兴趣小组有成员关注到了很多技术都能对公共图书馆的无障碍服务提供帮助。如大语言模型在多模态融合方面取得的突破性进展,能实现将视频内容转换为实时字幕和手语动画,或者将图表数据转换为语音描述,这能帮助听障人群和视障人群获取信息。如"讯飞听见"应用在听障用户支持方面取得成果。该应用通过整合大语言模型技术,实现了高精度的实时语音转文字功能。该应用不仅支持方言识别,还能够通过智能助听器集成和多方对话支持,为听障用户创造更便利的交流环境。如 Be My AI 等工具通过自然语言处理技术,能够将复杂的视觉场景转化为清晰的文字描述,使视障用户得以更好地理解和感知周围环境。这些都已经实现新技术的应用实践。

相信随着技术进一步的发展,能有更多技术能被图书馆服务所应用。公共图书馆需要关注并寻找能提升图书馆无障碍服务的新技术,且努力将其转化为无障碍服务内容,为残障读者提供更多便捷的阅读服务。

三 致谢

感谢本书写作团队成员:丁乙、周佳琳、韩嬿,三位都是上海图书馆无障碍服务团队一线的馆员,日常为残障读者提供服务。三位伙伴在此次视障课题完成到本书书稿的撰写,都付出了很多努力。如果没有她们辛勤的付出,本书不可能完稿并面世。

感谢全国58家公共图书馆从事视障、无障碍服务的同仁,帮忙完成了问卷

调研，最终回收有效问卷为 56 份，为我们做分析研究提供了一手的数据。希望今后各家公共馆之间能继续多沟通交流，共同为残障读者做好无障碍服务。

感谢上海图书馆原副馆长周德明老师，上海图书馆视障服务的起步与发展是在周老师的领导下开展起来的，本书在成书过程中，周老师为本书撰写了序，还为我们团队提供了很多的帮助。

感谢本书责编李莺老师、仲书怡老师，两年前李老师的约稿，让我们团队开始考虑对做了二十多年的无障碍服务做梳理，在本书写作过程中，李老师也给予了很多的指导和帮助。仲老师为本书最终成稿，付出诸多辛劳。

感谢我们的同事、GPT 兴趣小组的许磊，与许磊的沟通中，让我们看到了技术在未来对公共图书馆无障碍服务应用的前景，许磊还为本书结语部分提供了技术应用的案例。

感谢业界同行和前辈，本书在撰写过程中，参考了很多同行和前辈的研究成果。

四 关于称谓的说明

本书是无障碍服务相关图书，对服务主体残疾人的称谓查阅了资料，最终参照了 2022 年 3 月中国残联发布《关于宣传报道中残疾人及残疾人工作有关称谓提示》(具体内容见附录二)。本书对人群称谓上用"残疾人"这一法定称谓，对于公共图书馆提供的无障碍服务类型及服务对象，用了"残障服务"和"残障读者"。有不当之处，请专家同仁批评指正。

由于本书作者团队水平有限，书中难免存在不足与纰漏之处，敬请业界专家同仁宽容斧正。

（谢　影）

附录一

公共图书馆无障碍服务问卷调查

此问卷为上海图书馆申报的由中国盲文图书馆负责的"公共图书馆无障碍服务"研究项目问卷。感谢各位老师拨冗填写该问卷。

第一部分　公共图书馆基本情况问卷内容

1. 贵馆馆名：_____。
2. 贵馆所属级别：_____。

   A. 省级图书馆

   B. 副省级图书馆

   C. 市级图书馆(直辖市区级图书馆)

   D. 地县级图书馆

   E. 其他_____

3. 贵馆目前在用馆舍建成了_____年。

   A. 0～5 年(含 5 年)

   B. 6～10 年(含 10 年)

   C. 10 年以上

4. 贵馆面向视障读者提供服务_____年。

   A. 0～5 年(含 5 年)

   B. 6～10 年(含 10 年)

C. 11～15 年(含 15 年)

D. 16～20 年(含 20 年)

E. 20 年以上

5. 贵馆面向视障读者提供服务所投入的经费情况为_____万元。

6. 贵馆面向视障读者提供服务所投入的经费来源为_____。

A. 政府专项经费

B. 馆业务经费

C. 残联支持

D. 企业赞助

E. 其他_____

7. 贵馆面向视障人士是否有专设的阅览室？

A. 是(跳转到第 8 题)

B. 否(跳转到第 9 题)

8. 视障阅览室区域面积为_____平方米，座席数量为_____个，楼层在_____楼。(跳转到第 10 题)

9. 贵馆未为视障人士专设阅览室，是否有为视障读者设置阅览区域？

A. 是，设置阅览专座_____个(跳转到第 10 题)

B. 未设置专门阅览区域(跳转到第 11 题)

10. 贵馆面向视障读者提供服务的阅览室(区)名称为_____。

11. 贵馆面向视障读者开放的阅览室(阅览区)的时间是为_____小时/周。

12. 贵馆面向视障读者提供服务的工作人员情况为_____。

A. 专职人员，_____人

B. 兼职人员，_____人

C. 志愿者，_____人

13. 贵馆面向视障读者提供服务的工作人员学历为_____。

A. 研究生及以上，_____人

B. 本科，_____人

C. 大专及以下，_____人

第二部分　公共图书馆盲用馆藏资源及设备情况

14. 贵馆馆藏盲用文献资源有_____。(可多选)

   A. 盲文图书，_____册，_____种

   B. 盲文期刊，_____册，_____种

   C. 明盲文对照本，_____册

   D. 大字本，_____册

   E. 有声读物，_____件(或 GB)，_____种

   F. 无障碍电影，_____盘，_____种

   G. 音像资料，_____盘，_____种

   H. 数字资源，_____GB

   I. 其他_____

15. 贵馆是否有自建(制)的盲用资源。

   A. 是(跳转到第 16 题)

   B. 否(跳转到第 17 题)

16. 贵馆自建(制)的盲用资源有_____。(可多选)

   A. 电子资源:电子书，_____GB，_____种;电子期刊，_____GB，_____种

   B. 音频资源:有声读物，_____GB，_____种;其他_____

   C. 文献资源:盲文图书，_____册，_____种;盲文期刊，_____册，_____种;大字本，_____册，_____种;其他_____

   D. 触摸作品

   E. 其他_____

17. 贵馆配备的无障碍设备有_____。(可多选)

   A. 盲用计算机，_____台

   B. 读屏软件，_____种,分别是_____(①阳光;②永德;③争渡;④其他_____)

   C. 盲文点显器，_____台

   D. 电子助视器，_____台

   E. 盲用扫描棒，_____支

   F. 盲文输出设备，_____台(盲文刻印机，_____台;盲文复印机，_____台;盲文打字机，_____台;盲文图形打印机，_____台)

G. 听书机，_____台(阳光听书机，_____台；博朗听书机，_____台；其他_____)

H. 智能阅读机(器)，_____台

I. 录制设备，_____台

J. 放大镜，_____台

K. 其他_____

第三部分　公共图书馆视障服务情况

18. 贵馆每年服务视障读者_____人次。

19. 贵馆为视障读者提供的服务方式主要包括_____。(可多选)

A. 提供阅览专座和设备

B. 借阅服务，借期_____天

C. 送书上门

D. 邮寄服务，是否免费(①是；②否)

E. 文献资源下载、盲文点字转换等辅助服务

F. 面对面朗读

G. 口述影像

H. 有声读物借阅及制作

I. 读者活动(讲座、参观、读书会、座谈会、征文、知识竞赛等)

J. 培训服务(电脑、手机)

K. 盲文转换及刻印

L. 信息咨询服务

M. 其他_____

20. 贵馆为视障人群开展的借阅服务包括_____。(可多选)

A. 盲文图书、期刊借阅

B. 有声读物借阅

C. 大字本借阅

D. 听书电子设备借阅

E. 助视设备借阅

F. 明盲文对照本借阅

G. 其他_____

21. 贵馆为视障人群开展的培训活动包括_____。（可多选）

    A. 手机培训

    B. 电脑培训

    C. 盲文培训

    D. 职业技能培训

    E. 文化技能培训

    F. 心理健康教育培训

    G. 其他_____

22. 贵馆为视障人群开展的培训活动的培训老师来源包括_____。（可多选）

    A. 视障者（有课酬）

    B. 馆员

    C. 志愿者

    D. 专业老师（有课酬）

23. 贵馆为视障人群组织的文化活动包括_____。（可多选）

    A. 读书会

    B. 专题讲座

    C. 技能比赛

    D. 口述影像

    E. 文娱活动

    F. 其他_____

24. 贵馆面向残障读者办证是否需要押金？

    A. 是，押金_____元

    B. 否

25. 贵馆是否会定期开展图书馆视障服务宣传与推广服务？

    A. 经常宣传推广（跳转到第26题）

    B. 偶尔宣传推广（跳转到第26题）

    C. 没有进行过推广宣传（跳转到第27题）

26. 贵馆通常通过何种途径对视障服务进行宣传与推广？（可多选）

    A. 通过网站宣传推广

    B. 通过报刊宣传推广

C. 通过短信宣传推广

D. 通过 QQ 宣传推广

E. 通过微信宣传推广

F. 通过盲人学校或社区宣传推广

G. 其他＿＿＿＿＿＿

第四部分　公共图书馆无障碍服务情况

27. 贵馆的无障碍设施主要有＿＿＿＿＿＿。（可多选）

A. 盲道

B. 语音导向

C. 无障碍厕所

D. 盲文标识

E. 无障碍坡道

F. 无障碍电梯（点字电梯按钮；电梯语音提示；电梯低位按钮）

G. 无障碍停车位

H. 低位服务台

I. 低位检索台

J. 其他＿＿＿＿＿＿

28. 贵馆除了视障读者服务，是否为其他残障人群提供无障碍服务？

A. 是（跳转到第 29 题）

B. 否（问卷已结束）

29. 除视障读者外，还为其他哪些残障读者提供服务？

A. 听障人士

B. 肢残人士

C. 智力残疾人士

D. 精神残疾人士

E. 其他＿＿＿＿＿＿

30. 贵馆为视障以外残障读者提供哪些服务？（可多选）

A. 文献代查

B. 文献代借

C. 送书上门

D. 组织活动

E. 其他_____

31. 贵馆年均服务残障读者（视障、听障、肢残等）_____人次。

附录二

关于宣传报道中残疾人及残疾人工作有关称谓提示

1. 建议使用"残疾人"这一法定称谓,"残障人士"等残疾人乐意听到的称呼也可酌情使用。

2. 与残疾人对应的是"健全人",不用"正常人"来对比。

3. 注明身份时,只打职务、通用称谓即可,类似"北京市民×××",无需强调残疾人身份。

4. "残疾人"就是一个群体的概念,不必再用"残疾人群体"这样表述。

5. 用"中国残疾人联合会"或简称"中国残联",不用"中残联"。

6. 称"残疾运动员""残奥运动员",一般不称"残疾健儿""残奥健儿"。

7. 称"孤独症",不用"自闭症"。

8. 可称"盲人"或"视障人士",禁用"瞎子"等贬损称谓;

可称"聋人"或"听障人士",一般不用"聋哑"等称谓;

可称"肢体残疾人"或"肢残人士",禁用"瘸子"等贬损称谓;

可称"言语残疾"或"言语障碍",禁用"哑巴"等贬损称谓;

可称"智力残疾"或"智障人士",禁用"傻子""弱智"等贬损称谓;

可称"精神残疾"或"精神障碍",禁用"疯子"等贬损称谓。

9. 目前我国已从"无障碍设施建设"慢慢向整体"无障碍环境建设"过渡,因此提到无障碍时,可多用打造"无障碍环境"等表述。

10. 英文翻译时,残疾人多用"persons with disabilities (PWD)"。

内容出处:2022年3月中国残联宣文处发布的《关于在宣传报道中规范残疾人及残疾人工作有关称谓的通知》

上海科学技术文献出版社"东观书系"介绍

《大都市公共图书馆：国际经验与上海特色》

曲　蕴　王晓樱　施　雯　黄　吉　姚　馨　著

定价：58.00元

ISBN：978-7-5439-8482-0

　　本书分层次比较全球图书馆事业发展趋势，全面调研纽约、巴黎、伦敦、东京等国际大都市公共图书馆体系的建设经验，探讨北欧城市图书馆高质量发展的核心要素，并总结上海图书馆（上海科学技术情报研究所）的建设现状和战略前进方向，为公共图书馆未来发展提供有益借鉴。

《图书馆新媒体服务建设与应用》

孙　宇　杨　佳　赵　亮　著

定价：68.00元

ISBN：978-7-5439-8648-0

　　近年来，图书馆界的新媒体服务取得了丰富的建设成果，新媒体技术的应用普及不仅有利于图书馆的宣传推广服务，同时也使图书馆面对着全新的资源建设与服务的需求。本书探讨了新媒体的基本概念、种类特性、服务技术、应用案例和发展趋势等热点话题，对于图书馆新媒体建设和发展具有重要借鉴和指导意义。

《文化聚居区：国际经验与上海发展》

马春等　著

定价：78.00元

ISBN：978-7-5439-8647-3

　　本书系统调研全球城市的公共文化服务体系、文化集聚区建设经验。主要包括：一是通过全球城市评比、城市发展比较、城市文化政策和文化集聚区建设，梳理形成全球城市文化发展和集聚区建设概貌；二是系统调研美国纽约、英国伦敦、法国巴黎、日本东京、中国香港、新加坡等全球城市的公共文化服务体系建设和文化集聚区发展情况；三是对上海公共文化服务体系、文化事业发展进行全面梳理和阐述，对照国外发展经验，尝试提出上海在文化发展和集聚区建设方面的建议和思考。

《产业视角下的图书馆电子书服务》

杨　佳　孙　宇　赵　亮　著

定价:78.00元

ISBN:978-7-5439-9239-9

　　本书引入了产业链的视角,通过深入考察整个电子书产业链与数字阅读环境发展,研究图书馆电子书服务与上游内容提供商、平台服务商以及下游终端厂商的相互关系与合作模式。结合上海图书馆在电子书服务方面丰富的实践经验,对图书馆电子书服务的内容、平台、终端进行整理分析,探讨图书馆电子书服务的发展趋势与问题。本书从电子书服务"容"与"器"既分且皆重的角度,重视对终端服务的应用研究:图书馆电子书的服务关键是读者的数字阅读习惯,还涵盖了以此为起点带来的真正需求。电子书服务最重要的方向就是移动阅读,因此,在图书馆电子书服务体系中,一定要充分重视作为电子书阅读终端的电子书阅读器、平板电脑及其他移动终端的适配和电子书服务平台的阅读体验。

公共图书馆无障碍服务研究

谢　影　丁　乙　周佳琳　韩　嬿　著

定价:68.00元

ISBN:978-7-5439-9373-0

　　为有特殊需求的读者提供无障碍服务,既是公共图书馆的责任,也是公共图书馆的价值体现。本书从无障碍服务为谁做、为什么要做、国内外怎么做、如何做好等几个维度,研究了公共图书馆无障碍服务。该书是上海图书馆无障碍服务团队实践探索与理论研究的汇总,试图为国内公共图书馆加快推进无障碍服务从"有"到"好"的过程奉献绵薄之力,以集中、便捷、特殊的文化服务,推动公共图书馆帮助残障人士公平、均等地共享人类文明发展成果。